Travis Bradberry & Jean Greaves

EMOTIONALE INTELLIGENZ 2.0

Travis Bradberry & Jean Greaves

EMOTIONALE INTELLIGENZ 2.0

Erhöhen Sie Ihre Sozialkompetenz und verbessern Sie Ihre Kommunikation

Übersetzung aus dem Englischen von Christa Trautner-Suder

mvgverlag

Bibliografische Information der Deutschen Nationalbibliothek:
Die Deutsche Nationalbibliothek verzeichnet diese Publikation in der Deutschen Nationalbibliografie; detaillierte bibliografische Daten sind im Internet über https://dnb.de abrufbar.

Für Fragen und Anregungen:
info@m-vg.de

7. Auflage 2025

Türkenstraße 89
80799 München
Tel.: 089 651285-0

Die englische Originalausgabe erschien 2009 bei Talent Smart® unter dem Titel *Emotional Intelligence 2.0*.

Übersetzung: Christa Trautner-Suder
Redaktion: Birgit Bramlage
Umschlaggestaltung: Isabella Dorsch, München
Satz: Carsten Klein, München
Druck: CPI books GmbH, Leck
Printed in Germany

ISBN Print 978-3-86882-649-4
ISBN E-Book (EPUB, Mobi) 978-3-86415-900-8

Für die treuen zertifizierten Trainer von TalentSmart® und alle, die an ihren Veranstaltungen teilgenommen haben. Eure Leidenschaft ist der Lebensatem für dieses Buch.

MITWIRKENDE

Die folgenden Personen haben maßgeblich zu diesem Buch beigetragen:

Sue DeLazaro, M.S.
Melissa Monday, Ph.D.
Jean Riley, Ph.D. ABD
Lac D. Su, Ph.D. ABD
Nick Tasler, M.S.
Eric Thomas, MBA, M.S.
Lindsey Zan, M.S.

Inhaltsverzeichnis

VORWORT

Es ist nicht die individuelle Ausbildung und nicht die Berufserfahrung. Auch nicht Wissen oder Intelligenz. Keiner dieser Faktoren eignet sich für eine zutreffende Voraussage über den Erfolg oder Misserfolg eines Menschen. Es geht um etwas völlig anderes, was unsere Gesellschaft jedoch nicht zu berücksichtigen scheint.

Täglich sehen wir am Arbeitsplatz, zu Hause, in der Kirche, in der Schule und in unserer Nachbarschaft Beispiele dafür. Wir beobachten, wie vermeintlich brillante und gut ausgebildete Menschen zu kämpfen haben, während andere mit weniger offensichtlichen Fähigkeiten oder Eigenschaften erfolgreich sind. Zu Recht fragen wir uns, warum das so ist.

Die Antwort hat praktisch immer mit der emotionalen Intelligenz zu tun. Während sie schwieriger zu erkennen und zu messen ist als der IQ oder die berufliche Erfahrung und nur sehr schwer auf einen Lebenslauf gesetzt werden kann, kann ihr Einfluss dennoch nicht geleugnet werden.

Ein Geheimnis ist sie inzwischen nicht mehr. Die Menschen sprechen bereits seit einiger Zeit über emotionale Intelligenz, sie waren aber bisher nicht in der Lage, sie sich zunutze zu machen. Denn letztlich konzentriert man seine Energie in unserer Gesellschaft vornehmlich auf das Streben nach Wissen, Erfahrung, Intelligenz und Ausbildung. Das wäre durchaus in Ordnung, wenn wir aufrichtig sagen könnten, dass wir unsere Emotionen und die Emotionen unserer Mitmenschen vollständig verstehen und nachvollziehen können, wie Emotionen unser Leben tagtäglich grundlegend beeinflussen.

Ich glaube, es gibt zwei Gründe für die Kluft zwischen dem theoretischen Wissen um emotionale Intelligenz und ihrer Anwendung in der Gesellschaft. Häufig wird emotionale Intelligenz als eine Form von Charisma oder Geselligkeit missverstanden. Zweitens wird sie nicht als etwas gesehen, was man verbessern kann. Entweder man hat sie, oder man hat sie nicht.

Genau aus diesem Grund ist das vorliegende Buch so hilfreich. Sobald wir verstehen, was emotionale Intelligenz tatsächlich ist und wie sie sich in unser Leben integrieren lässt, können wir anfangen, unserer Ausbildung, Erfahrung und Intelligenz zum Durchbruch zu verhelfen.

Ob Sie sich bereits seit Jahren mit emotionaler Intelligenz beschäftigen oder noch nichts darüber wissen, dieses Buch kann Ihr Denken über Erfolg drastisch verändern. Wer weiß, vielleicht werden Sie es sogar zweimal lesen wollen.

Patrick Lencioni
Autor von *Die 5 Dysfunktionen eines Teams*;
Präsident der Table Group

1

DER WEG

Die warme Sonne Kaliforniens begrüßte Butch Connor, als er aus seinem Transporter ausstieg und über den Sand des Salmon Creek Beach lief. Es war der erste Tag eines verlängerten Urlaubswochenendes und der perfekte Morgen, um sich sein Brett zu schnappen und zu surfen. Die meisten ortsansässigen Surfer hatten an diesem Vormittag dieselbe Idee, und nach etwa 30 Minuten beschloss Butch, die Menge hinter sich zu lassen. Mit langen, tiefen Paddelschlägen durchpflügte er das Wasser bis zu einem Strandabschnitt, wo er in Ruhe einige Wellen »fangen« konnte.

Als Butch etwa 40 Meter von den anderen Surfern entfernt war, setzte er sich auf sein Brett und schaukelte in den anrollenden Wogen auf und ab, während er auf eine Welle wartete, die ihn herausfordern würde. Und da kam sie auch schon, eine wunderschöne blaugrüne Welle mit brechendem Kamm näherte sich der Küste. Als Butch sich auf sein Brett legte, um sie mitzunehmen, hörte er hinter sich ein lautes Platschen. Butch warf einen Blick über seine rechte Schulter zurück und erstarrte vor Schreck beim Anblick einer etwa 35 Zentimeter langen grauen Rückenflosse, die in seine Richtung das Wasser teilte. Butchs Muskeln blockierten, und er lag voller Panik und nach Luft schnappend da. Er nahm seine Umgebung überdeutlich wahr; er konnte sein Herz hämmern hören, als er die Sonne beobachtete, die auf der feuchten Oberfläche der Flosse glänzte.

Die sich nähernde Welle richtete sich hoch auf und enthüllte in ihrer schimmernden, durchscheinenden Oberfläche Butchs schlimmsten Albtraum – einen massigen, großen Weißen Hai, der vom Maul bis zum Schwanz gute vier Meter maß. Vor Angst gelähmt, ließ Butch die Welle vorbeirollen und verpasste so einen schnellen Ritt an die sichere Küste. Es gab nur noch den Hai und ihn. Dieser schwamm einen Halbkreis und näherte sich ihm nun vorn vorne. Der Hai glitt langsam an seine linke Seite. Butch war zu geschockt, um zu bemerken, dass sein linkes Bein gefährlich über den Rand des Surfbretts in das kalte Salzwasser baumelte. *Er ist etwa so groß wie mein Volkswagen,* dachte Butch, als sich die Rückenflosse näherte. Plötzlich spürte er das dringende Verlangen, den Arm auszustrecken und den Hai zu berühren. *Er wird mich ohnehin töten. Warum sollte ich ihn also nicht berühren?*

Der Hai gab ihm diese Chance nicht. Mit einem gewaltigen Schnappen seiner Kiefer stieß er seinen Kopf von unten gegen Butchs Bein. Es kam auf dem riesigen Kopf des Hais zu liegen, der sich aus dem Wasser hob, und Butch fiel auf der anderen Seite des Surfbretts in das trübe Wasser. Als er ins Wasser platschte, geriet der Hai in Raserei. Er wedelte mit dem Kopf manisch hin und her, während seine Kiefer auf- und zuschnappten. Er ließ das Wasser in alle Richtungen spritzen, während er um sich schlug. Butch war sich der Ironie bewusst, neben einer 1400 Kilo schweren Killermaschine zu schwimmen und dabei nur einen Kratzer abbekommen zu haben. Ihm war jedoch auch klar, dass dieses Raubtier der Spitzenklasse kaum erneut sein Ziel verfehlen würde. Gedanken an Flucht und Überleben jagten ebenso rasch durch Butchs Gehirn wie wenige Augenblicke zuvor der Schrecken.

Die sich nähernde Welle richtete sich hoch auf und enthüllte in ihrer schimmernden, durchscheinenden Oberfläche Butchs schlimmsten Albtraum – einen massigen, großen Weißen Hai, der vom Maul bis zum Schwanz gute vier Meter maß.

Der Hai hörte auf zu schnappen und umrundete Butch in engen Kreisen. Anstatt zurück auf sein Surfbrett zu klettern, schwamm Butch auf dem Bauch, wobei er die Arme über das Brett legte. Er drehte das Surfbrett immer wieder, während der Hai ihn umrundete, und nutzte es als provisorische Barriere zwischen sich und dem Menschenfresser. Butchs Angst verwandelte sich in Wut, während er darauf wartete, dass das Tier wieder zuschlagen würde. Der Hai näherte sich ihm erneut, und Butch entschied, es sei nun Zeit für einen Kampf. Er zielte mit der Spitze seines Surfbretts auf den sich nähernden Hai. Als dieser den Kopf aus dem Wasser hob, um zuzubeißen, rammte Butch die Nase des Surfbretts in die Kiemenspalten des Tiers. Dieser Hieb führte dazu, dass der Hai erneut nervös um sich schlug. Butch kletterte auf sein Brett und schrie »Hai!« in Richtung der vielen anderen Surfer am Strand. Butchs Warnruf und der Anblick der Wasserturbulenzen um ihn herum veranlasste die Surfer, sich eiligst ans rettende Ufer zu begeben.

Butch paddelte, so schnell er konnte, aber der Hai stoppte ihn nach wenigen Metern. Er schnitt ihm den Weg zur Küste ab und begann erneut, ihn zu umrunden. Butch gelangte zu dem düsteren Schluss, dass seine Ausweichtaktiken das Unvermeidliche lediglich hinauszögerten, und wieder ergriff eine lähmende Angst von ihm Besitz. Zitternd lag er auf seinem Surfbrett, während der Hai ihn umrundete. Er nahm all seinen Willen zusammen, um die Spitze des Surfbretts auf den Hai zu richten, aber er war zu verängstigt, um wieder ins Wasser zu gehen und sein Brett als Barriere zu nutzen.

Butchs Gedanken rasten zwischen Grauen und Trauer hin und her. Er überlegte, was seine drei Kinder wohl ohne ihn tun würden und wie lange seine Freundin brauchen würde, um über seinen Tod hinwegzukommen. Er wollte leben und diesem Ungeheuer entkommen. Dazu musste er sich beruhigen. Butch war sicher, dass der Hai seine Angst spüren konnte wie ein tollwütiger Hund. Er *musste* sich zusammenreißen, weil die Angst den Hai zum Angriff motivierte. Zu seiner Überraschung gehorchte sein Körper. Das Zittern ließ nach, und das Blut kehrte in seine Arme und Beine zurück. Er fühlte sich stark. Er war bereit zu paddeln. Und er paddelte los, Richtung Strand. Ein gesunder Brandungsrückstrom sorgte dafür, dass seine Reise an den Strand nervenaufreibende fünf Minuten Paddeln bedeutete, mit dem Gefühl, dass der Hai irgendwo hinter ihm war und jederzeit zuschlagen konnte. Als Butch den Strand erreichte, wartete eine ehrfürchtige Gruppe von Surfern und anderen Strandbesuchern auf ihn. Die Surfer dankten ihm überschwänglich für die Warnung und klopften ihm auf die Schulter. Für Butch Connor hatte es sich noch nie so gut angefühlt, auf festem Boden zu stehen.

Wenn Verstand und Gefühl aufeinandertreffen

An diesem Morgen war das Aufeinandertreffen zwischen dem Hai und Butch nicht der einzige Kampf. Tief in Butchs Gehirn kämpfte sein Verstand gegen heftige Emotionen um die Kontrolle über sein Verhalten. Die meiste Zeit waren seine Gefühle siegreich, was größtenteils nachteilig für ihn war (lähmende Angst), teilweise aber auch von Vorteil (der wütende Schlag mit seinem Surfbrett). Unter großer Anstrengung gelang es Butch, sich zu beruhigen und – als er feststellte, dass der Hai sich nicht entfernte – das riskante Paddeln an den Strand zu wagen, das ihm das Leben rettete. Auch wenn die meisten von uns es nie mit einem Weißen Hai zu tun bekommen werden, kämpfen unsere Gehirne jeden Tag mit Emotionen.

Die tägliche Herausforderung, effektiv mit Emotionen umzugehen, ist eine zutiefst menschliche, weil unser Gehirn darauf programmiert ist, den Emotionen die Oberhand zu lassen. Das funktioniert folgendermaßen: Alles, was Sie sehen, riechen, hören, schmecken und berühren, läuft in Form elektrischer Signale durch Ihren Körper. Diese Signale wandern von Zelle zu Zelle, bis sie das Gehirn erreichen. Sie dringen am Stammhirn ins Gehirn ein, in der Nähe des Rückenmarks, müssen jedoch bis zum Frontallappen weiterwandern (hinter der Stirn), bevor sie den Ort erreichen, wo das rationale, logische Denken stattfindet. Das Problem dabei ist, dass sie unterwegs das limbische System passieren – den Ort, wo die Emotionen entstehen. Dieser Weg sorgt dafür, dass Sie Dinge emotional erleben, bevor Ihr Verstand auf Touren kommt.

Der rationale Bereich Ihres Gehirns (der vordere Teil) kann die Emotion, die Ihr limbisches System »fühlt«, nicht abstellen, beide Bereiche beeinflussen einander und kommunizieren ständig miteinander. Die Kommunikation zwischen Ihrem emotionalen und Ihrem rationalen »Gehirn« ist die physische Quelle der emotionalen Intelligenz.

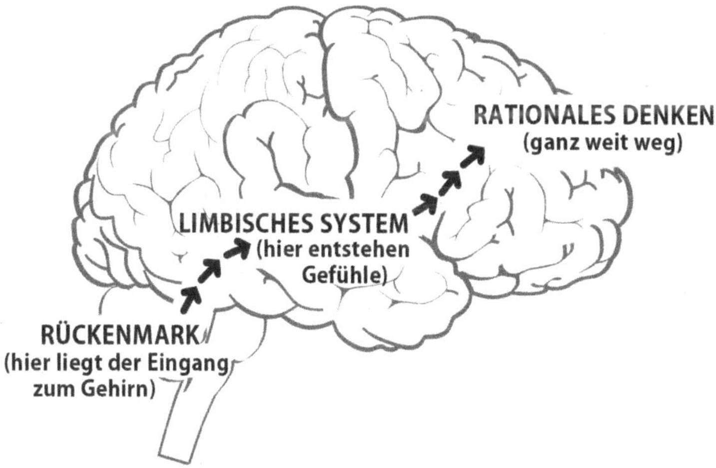

Physisch beginnt der Weg der emotionalen Intelligenz im Gehirn, und zwar im Rückenmark. Über das Rückenmark erreichen die primären Sinneswahrnehmungen das Gehirn. Bevor Sie über das Erlebte rational nachdenken können, müssen diese Sinneseindrücke bis in den vorderen Gehirnbereich gelangen. Dabei passieren sie jedoch das limbische System, wo die Emotionen erlebt werden. Emotionale Intelligenz verlangt eine effektive Kommunikation zwischen der rationalen und der emotionalen Gehirnhälfte.

Als die emotionale Intelligenz entdeckt wurde, war sie die Lösung für eine bisher ungeklärte Frage: Menschen mit dem höchsten Intelligenzquotienten (IQ) übertreffen den Erfolg von Menschen mit durchschnittlichem IQ nur in 20 Prozent der Fälle, während Menschen mit durchschnittlichem IQ Menschen mit hohem IQ in 70 Prozent der Fälle leistungsmäßig übertreffen. Diese Tatsache machte dem IQ einen gewaltigen Strich durch die Rechnung, den viele immer als Indikator des Erfolgs angesehen hatten. Wissenschaftler erkannten, dass es über den IQ eines Menschen hinaus noch eine andere Variable geben musste. Jahrelange Forschungsarbeiten und zahllose Studien deuteten auf die emotionale Intelligenz (EI) als entscheidenden Faktor hin.

Eine Titelgeschichte im *Time*-Magazin und viele Stunden Sendezeit im Fernsehen sorgten dafür, dass die emotionale Intelligenz einem Millionenpublikum bekannt wurde. Nachdem die Leute erst einmal davon Kenntnis hatten, wollten sie erfahren, wie emotionale Intelligenz funktioniert und wer sie besitzt. Vor allem wollten sie wissen, ob *sie* sie hatten. Eine Menge Bücher erschien, um dieses Bedürfnis zu stillen, wie z.B. das *Emotional Intelligence Quick Book*. Unser 2004 erschienenes *Quick Book* war einzigartig, weil jedes Exemplar ein Passwort enthielt, mit dem der Leser online gehen und den weltweit populärsten EQ-Test (EQ: Emotionaler Quotient) machen konnte, *Emotional Intelligence Appraisal®*. Das Buch befriedigte die Neugier der Leser, indem es die Besonderheiten der EI erklärte und eine neue Selbstbetrachtung ermöglichte, die es sonst nirgendwo gab.

Das *Emotional Intelligence Quick Book* war ein Volltreffer – es wurde sofort ein Bestseller und in 23 Sprachen übersetzt, heute ist es in über 150 Ländern erhältlich. Die Zeiten haben sich jedoch geändert. Im Bereich der EI gibt es eine neue Welle wichtiger Erkenntnisse – wie die Menschen ihren EQ verbessern und anhaltend davon profitieren können, was einen massiven positiven Einfluss auf ihr Leben hat. So, wie es vor der Veröffentlichung des *Emotional Intelligence Quick Book* das Privileg einiger weniger war, den eigenen EQ zu kennen, haben bis heute sehr wenige Menschen die Möglichkeit, ihren EQ zu verbessern. Unser Unternehmen schult jede Woche Hunderte von Menschen dahingehend, aber selbst in diesem Tempo würde es 3840 Jahre dauern, um jeden heute in den USA lebenden Erwachsenen zu erreichen! Uns ist klar geworden, dass wir unabsichtlich wichtige Informationen zurückhalten. Wir glauben, jeder sollte die Gelegenheit bekommen, seinen EQ zu verbessern, und geben dafür in diesem Buch unser Wissen weiter.

Menschen mit dem höchsten Intelligenzquotienten (IQ) übertreffen den Erfolg von Menschen mit durchschnittlichem IQ nur in 20 Prozent der Fälle, während Menschen mit durchschnittlichem IQ Menschen mit hohem IQ in 70 Prozent der Fälle leistungsmäßig übertreffen.

Ihr Weg

Emotionale Intelligenz 2.0 verfolgt ein Ziel – es soll Ihren EQ verbessern. Sie werden erfahren, was emotionale Intelligenz überhaupt ist und was Ihr EQ ist – und noch viel mehr. Es geht um das Entdecken bewährter Strategien, mit deren Hilfe Sie sofort beginnen können, Ihrem EQ zu neuen Höhenflügen zu verhelfen. Während Sie sich verändern und neue Fähigkeiten erlernen, werden Sie die vielen Vorteile ernten, die diese unglaubliche menschliche Fähigkeit zu bieten hat.

Die 66 Strategien in diesem Buch sind das Ergebnis jahrelanger sorgfältiger Tests mit Menschen wie Ihnen. Sie erhalten genaue Anweisungen, was Sie sagen, tun und denken müssen, um Ihren EQ zu verbessern. Damit Sie diese Strategien in vollem Umfang nutzen können, müssen Sie wissen, worauf Sie sich konzentrieren müssen. Der erste wichtige Schritt auf Ihrem Weg zu einem höheren EQ ist, online zu gehen und die neue Ausgabe des Tests *Emotional Intelligence Appraisal®* zu absolvieren. Wenn Sie diesen Test jetzt sofort machen, erhalten Sie einen Ausgangswert, anhand dessen Sie die Verbesserungen im Lauf der Lektüre beurteilen können. Durch die Bewertung Ihres EQ wird das Lernen mehr als eine theoretische Übung. Ihr Ergebnisprofil zeigt auf, welche Fähigkeiten Sie am meisten verbessern müssen und durch welche individuellen Strategien Sie dies erreichen werden. Diese Vorgehensweise ist neu und sorgt dafür, dass Sie nicht länger Mutmaßungen im Hinblick auf die richtigen Strategien anstellen müssen, um Ihren EQ zu verbessern.

Den eigenen EQ zu kennen ist hier so wertvoll, wie das Walzertanzen mit einem echten Tanzpartner zu erlernen. Wenn ich Ihnen erzähle, wie der Tanz funktioniert, werden Sie wahrscheinlich etwas lernen und sogar den Drang verspüren, es selbst auszuprobieren. Wenn Sie jedoch während der Demonstration der Tanzschritte bereits jeden Schritt mit Ihrem Partner mitüben, steigen Ihre Chancen, sich später auf der Tanzfläche daran zu erinnern, rasant. Das EQ-Profil, das Sie durch *Emotional Intelligence Appraisal®* erhalten, ist quasi Ihr »Tanzpartner« bei der Entwicklung dieser Fähigkeiten. Es wird Sie passend zur Musik an jeden Schritt erinnern.

In Ihrem Online-Bericht werden die Fähigkeiten zusammengefasst, an denen Sie arbeiten müssen. Videoclips aus Filmen verdeutlichen einzelne Aspekte. Wenn Sie den Test *Emotional Intelligence Appraisal®* jetzt sofort machen, ermitteln Sie nicht nur Ihren aktuellen Stand, sondern Sie können auch verfolgen, wie sich Ihre EQ-Werte mit der Zeit verbessern. Sie können den Test zweimal machen – einmal jetzt und das zweite Mal, nachdem Sie ausreichend Zeit hatten, die Strategien aus diesem Buch zu üben und in Ihren Alltag zu übernehmen. Nachdem Sie den Test das zweite Mal gemacht haben, zeigt das aktualisierte Feedback Ihre Ergebnisse nebeneinander und Sie sehen, wie Sie sich verbessert haben und wie die nächsten Schritte aussehen sollten, damit Ihnen Ihr EQ weiterhin gute Dienste leistet. Die hintere Klappe des Buchs enthält Anleitungen, wie Sie online Zugriff auf den *Emotional Intelligence Appraisal®* bekommen, sowie das Passwort für den Test.

Emotionen können sowohl helfen als auch schaden. Solange Sie sie nicht verstehen, sind Sie jedoch machtlos. Wir laden Sie ein, sich jetzt sofort auf den Weg zu machen, weil wir wissen, dass *Sie* lernen können, Ihre Emotionen zu verstehen und zu beherrschen.

2

DAS GESAMTBILD

Bevor Sie sich im nächsten Kapitel mit den vier zentralen Fertigkeiten der emotionalen Intelligenz näher befassen, müssen Sie einige grundlegende Dinge über den EQ wissen. In den letzten zehn Jahren haben wir über 500 000 Menschen getestet, um zu erkunden, welche Rolle Emotionen im täglichen Leben spielen, wie die Menschen sich selbst sehen und wie sie von anderen gesehen werden. Darüber hinaus beobachteten wir, wie Verhaltensweisen den persönlichen und beruflichen Erfolg beeinflussen.

Obgleich der EQ zunehmend in den Fokus rückt, gibt es beim Verständnis und dem Umgang mit Emotionen noch einige Defizite. Nur 36 Prozent der von uns getesteten Menschen sind in der Lage, ihre aufkommenden Emotionen genau zu analysieren. Das bedeutet, dass zwei Drittel der Menschen normalerweise von ihren Emotionen kontrolliert werden. Emotionales Bewusstsein und Verständnis sind kein Lernstoff in der Schule. Wenn wir ins Arbeitsleben eintreten, können wir in der Regel lesen und schreiben und haben einen mehr oder minder großen Wissensfundus, aber nur zu oft fehlt es uns an der Fähigkeit, bei anspruchsvollen Problemen mit unseren Gefühlen umzugehen. Gute Entscheidungen verlangen weit mehr als Fachwissen. Sie werden auf der Basis von Selbstwahrnehmung und emotionaler Beherrschung getroffen.

Nur 36 Prozent der von uns getesteten Menschen sind in der Lage, ihre aufkommenden Emotionen genau zu analysieren.

Betrachtet man die Bandbreite menschlicher Emotionen, ist es nicht verwunderlich, dass diese uns überwältigen können. Wir haben sehr viele Worte, um die Gefühle zu beschreiben, die immer wieder im Leben auftauchen.

Doch im Grunde leiten sich alle Emotionen von fünf Kerngefühlen ab: Glück, Trauer, Wut, Angst und Scham.

Intensität der Gefühle	GLÜCKLICH	TRAURIG	WÜTEND	ÄNGSTLICH	BESCHÄMT
STARK	Aufgeregt Freudestrahlend Begeistert Überschäumend Ekstatisch Aufgedreht Leidenschaftlich Überschwänglich	Deprimiert Gequält Einsam Verletzt Untröstlich Hoffnungslos Kummervoll Elend	Zornig Wütend Aufgebracht Kochend vor Wut Erzürnt Angewidert Verraten	Entsetzt Vor Angst erstarrt Versteinert Verängstigt In Panik Außer sich Geschockt	Sorgenvoll Reuevoll Verleumdet Wertlos Blamiert Entehrt Gedemütigt Getadelt
MITTEL	Fröhlich Aufgekratzt Erfreut Gut Erleichtert Zufrieden	Niedergeschlagen Düster Verloren Bekümmert Im Stich gelassen Melancholisch	Verärgert Aggressiv Frustriert Erregt Empört	Besorgt Erschrocken Bedroht Unsicher Unbehaglich Eingeschüchtert	Unterwürfig Heimtückisch Schuldig Betreten Verschlossen
GERING	Froh Freudig Zärtlich Erfreut Heiter	Unglücklich Verdrossen Trübsinnig Enttäuscht Unzufrieden	Beunruhigt Ärgerlich Angespannt Widerborstig Gereizt Empfindlich	Vorsichtig Nervös Bange Schüchtern Unsicher Ängstlich	Verlegen Lächerlich Bedauernd Unwohl Bedauernswert Töricht

Die fünf Grundemotionen sind oben in der Tabelle von links nach rechts angegeben. Wie sich diese Emotionen manifestieren und in welcher Intensität sie empfunden werden, ist in den senkrechten Spalten der Tabelle angegeben.

Adaptiert und reproduziert mit freundlicher Genehmigung von Julia West.

Während Sie Ihr Alltagsprogramm bewältigen – ob Sie nun arbeiten, Zeit mit der Familie oder Freunden verbringen, essen, Sport treiben, entspannen oder sogar schlafen –, sind Sie einem ständigen Strom von Emotionen unterworfen. Wir vergessen leicht, dass wir auf praktisch alles, was in unserem Leben geschieht, emotional reagieren, ob wir das nun bemerken oder nicht. Die Vielschichtigkeit dieser Emotionen zeigt sich in ihrer unterschiedlichen Intensität.

Auslösefaktoren und emotionale Selbstvereinnahmung

Während Butch Connor von dem Weißen Hai angegriffen wurde, war er emotional mehrmals nicht Herr seiner selbst – es gab Momente, in denen sein Verhalten von seinen Gefühlen kontrolliert wurde und er ohne nachzudenken reagierte. Je intensiver Gefühle sind, desto größer ist typischerweise die Wahrscheinlichkeit, dass sie das Handeln diktieren. In Situationen, in denen es um Leben oder Tod geht, werden die Gefühle mit Sicherheit vorübergehend den Menschen vereinnahmen.

Die emotionale Selbstvereinnahmung sorgte bei Butch dafür, dass er zunächst vor Angst wie gelähmt war. Doch trotz der akuten Bedrohung durch einen Hai war er schließlich in der Lage, durch seine Gedanken wieder die Kontrolle über seine Gefühle zu gewinnen. Zwar verschwanden die Gefühle von Angst und Entsetzen durch sein logisches Denken nicht, aber seine Gedanken *hinderten* seine Gefühle daran, Herr über sein Verhalten zu werden.

Da wir aufgrund der Programmierung unseres Gehirns emotional gesteuerte Wesen sind, ist die erste Reaktion auf ein Ereignis immer emotional. Über diesen Vorgang haben wir keine Kontrolle. Kontrolle haben wir hingegen über die Gedanken, die auf unsere Emotionen folgen, und wir haben großen Einfluss auf unsere Reaktion auf diese Emotionen – vorausgesetzt, wir sind uns ihrer bewusst. Einige Erlebnisse rufen Gefühle hervor, die uns bewusst sind, in anderen Fällen nehmen wir unsere Emotionen nicht wahr. Wenn ein Erlebnis eine länger anhaltende emotionale Reaktion hervorruft, nennt man dies einen Auslöser oder Schlüsselreiz. Die Reaktion auf solche Auslöser wird durch die Erfahrungen aus ähnlichen Situationen in der persönlichen Geschichte jedes Einzelnen bestimmt. Je weiter Sie Ihre emotionale Intelligenz verbessern, desto leichter werden Sie Ihre Auslöser erkennen und produktive Möglichkeiten kennenlernen, darauf zu reagieren.

Die gesamte Person erfassen

Emotionale Intelligenz ist die Fähigkeit, bei sich selbst und anderen Emotionen zu erkennen, zu verstehen sowie dieses Bewusstsein dafür zu nutzen, Ihr Verhalten und Ihre Beziehungen gut zu steuern. Sie beeinflusst, wie wir unser Verhalten im Griff haben, uns in sozialen Beziehungen verhalten und Entscheidungen treffen, die positive Ergebnisse zur Folge haben.

Emotionale Intelligenz macht sich ein grundlegendes Element menschlichen Verhaltens zunutze, das sich vom Intellekt unterscheidet. Es gibt keine bekannte Verbindung zwischen IQ und EQ. Die kognitive Intelligenz, der IQ, ist eine feste Größe. Ihr IQ steht von Geburt an fest, außer es tritt ein traumatisches Ereignis wie eine Hirnverletzung ein. Sie werden durch das Lernen neuer Fakten oder Informationen nicht intelligenter. Intelligenz ist Ihre *Fähigkeit* zu lernen, und diese ist mit 15 Jahren dieselbe wie mit 50 Jahren. Im Gegensatz dazu ist emotionale Intelligenz eine flexible Fertigkeit, die erlernt werden kann. Zwar stimmt es, dass einige Menschen von Natur aus emotional intelligenter sind als andere; ein hoher EQ kann jedoch entwickelt werden, auch wenn er einem nicht in die Wiege gelegt wurde.

Persönlichkeit ist das letzte Puzzleteil zum Erwerb von EQ. Sie ist der »Stil«, der jeden von uns definiert. Ihre Persönlichkeit ist das Ergebnis Ihrer Vorlieben und beschreibt Ihre Neigung zu Introvertiertheit oder Extrovertiertheit. Die emotionale Intelligenz lässt sich allerdings anhand der Persönlichkeit ebenso wenig vorhersagen wie anhand des IQ. Die Persönlichkeit bleibt genau wie der IQ lebenslang stabil. Die Persönlichkeitszüge zeigen sich früh im Leben jedes Individuums und bleiben erhalten. Häufig wird davon ausgegangen, dass bestimmte Züge (wie Extrovertiertheit) mit einem höheren EQ verbunden wären; dabei sind Menschen, die gerne mit anderen Menschen zusammen sind, emotional nicht intelligenter als Menschen, die lieber alleine sind. Sie können Ihre Persönlichkeit nutzen, um Ihren EQ zu entwickeln, aber er hängt nicht von Ihrer Persönlichkeit ab. Der EQ ist eine flexible Fertigkeit des Menschen, während die Persönlichkeit unverändert bleibt. Die gemeinsame Bewertung von IQ, EQ und Persönlichkeit ist die beste Möglichkeit, ein Gesamtbild eines Menschen zu erhalten. Wenn Sie alle drei Faktoren bei einer Person bewerten, überlappen diese sich kaum. Vielmehr deckt jeder einen bestimmten Bereich ab und macht deutlich, was eine Person bewegt.

Die gesamte Person erfassen

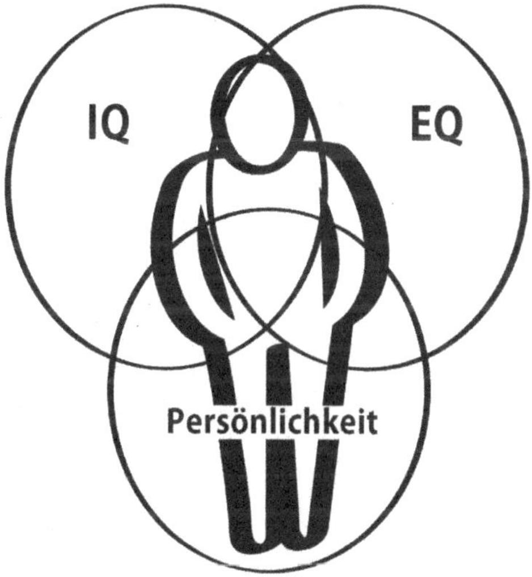

IQ, Persönlichkeit und EQ sind unterschiedliche Qualitäten, die wir alle besitzen. Gemeinsam bestimmen sie, wie wir denken und handeln. Keine dieser Qualitäten lässt sich anhand einer anderen vorhersagen. Eine Person kann intelligent sein, ohne emotionale Intelligenz zu besitzen. Menschen mit jeglicher Persönlichkeitsstruktur können hohe Werte beim EQ und/oder IQ aufweisen. Der EQ ist allerdings die einzige flexible Qualität, die sich im Lauf der Lebensjahre verändern kann.

Die Bedeutung des EQ

Wie groß ist der Einfluss des EQ auf Ihren beruflichen Erfolg? Die kurze Antwort lautet: *groß*! Er ist ein starkes Werkzeug, Ihre Energie erfolgreich in eine Richtung zu lenken. Wir haben den EQ neben 33 weiteren wichtigen Fertigkeiten getestet und festgestellt, dass er den Großteil dieser anderen Fähigkeiten mit einschließt, wie beispielsweise Zeitmanagement, Entscheidungsfindungs- und Kommunikationsfähigkeit. Ihr EQ ist die Grundlage für eine Menge entscheidender Fähigkeiten – er hat den größten Einfluss auf alles, was Sie an einem Tag sagen und tun. Der EQ ist für den Erfolg so entscheidend, dass er in jedem Job 58 Prozent der Leistung ausmacht. Er hat den mit Abstand größten Einfluss auf die Leistung am Arbeitsplatz und ist der stärkste Motor für Führungsaufgaben und persönliche Spitzenleistung.

Der EQ ist für den Erfolg so entscheidend, dass er in jedem Job 58 Prozent der Leistung ausmacht.

Der EQ als grundlegendes Konzept

Der EQ ist die Grundlage für eine Fülle entscheidender Fähigkeiten. Der kleine Aufwand für die Verbesserung Ihres EQ wird Ihr Leben umfassend positiv beeinflussen.

Unabhängig von einem hohen oder niedrigen EQ-Ausgangswert kann jeder an dessen Verbesserung arbeiten, Menschen mit niedrigem Wert können ihre Kollegen sogar einholen oder überholen. Eine Studie, die an der betriebswirtschaftlichen Fakultät der Universität von Queensland in Australien durchgeführt wurde, entdeckte, dass Menschen mit geringem EQ und schlechter beruflicher Leistung mit ihren Kollegen, die in beiden Punkten glänzen, gleichziehen können, indem sie an der Verbesserung ihres EQ arbeiten.

Bei allen Studien am Arbeitsplatz haben wir festgestellt, dass 90 Prozent der Menschen mit hoher Leistungsfähigkeit auch einen hohen EQ haben. Andererseits haben nur 20 Prozent der Arbeitnehmer mit schlechter Leistung einen hohen EQ. Sie können auch ohne EQ hohe Leistungen erbringen, aber die Chancen sind gering. Menschen, die ihren EQ weiterentwickeln, sind tendenziell erfolgreicher im Beruf, weil beides Hand in Hand geht. Normalerweise verdienen Menschen mit hohem EQ mehr Geld – durchschnittlich ca. 25 000 Euro mehr pro Jahr als Menschen mit niedrigem EQ. EQ und Einkommen sind so direkt miteinander verknüpft, dass jeder weitere Punkt beim EQ sich mit ca. 1200 Euro beim Jahreseinkommen bemerkbar macht. Dies trifft auf Menschen in allen Industriezweigen, auf jedem Niveau und in jeder Region der Welt zu. Wir konnten bisher noch keinen Job finden, in dem Leistung und Bezahlung nicht eng mit dem EQ verknüpft sind.

EQ und Einkommen sind so direkt miteinander verknüpft, dass jeder weitere Punkt beim EQ sich mit ca. 1200 Euro beim Jahreseinkommen bemerkbar macht.

Wer heute erfolgreich sein will und erfüllt leben möchte, muss lernen, seine emotionale Intelligenz zu optimieren, denn diejenigen, die mit einer spezifischen Mischung aus Verstand und Gefühl arbeiten, erreichen die besten Ergebnisse.

3

SO SIEHT EMOTIONALE INTELLIGENZ AUS

Zum Verständnis der vier Fähigkeiten

Um sich in den vier Fähigkeiten der emotionalen Intelligenz wirklich verbessern zu können, müssen Sie jede Fähigkeit erst einmal verstehen und erkennen, wie sie in die Tat umzusetzen ist. Die vier Fähigkeiten der emotionalen Intelligenz bilden zwei Zweiergruppen, jede gehört zu einem der beiden primären Kompetenzbereiche: der persönlichen Kompetenz und der sozialen Kompetenz. Die persönliche Kompetenz besteht aus Ihren Fähigkeiten in der Selbstwahrnehmung und im Selbstmanagement; sie betreffen eher Sie als Individuum als den Umgang mit anderen Menschen. Persönliche Kompetenz ist Ihre Fähigkeit, sich Ihrer Emotionen bewusst zu sein und Ihr Verhalten zu steuern. Soziale Kompetenz setzt sich zusammen aus Ihrem sozialen Bewusstsein und Ihren Fähigkeiten im Umgang mit Beziehungen. Soziale Kompetenz ist Ihre Fähigkeit, die Stimmungen, das Verhalten und die Motive anderer Menschen zu verstehen, um die Qualität Ihrer Beziehungen zu verbessern.

Um sich in den vier Fähigkeiten der emotionalen Intelligenz wirklich verbessern zu können, müssen Sie jede Fähigkeit erst einmal verstehen und erkennen, wie sie in die Tat umzusetzen ist.

Die vier Fähigkeiten, die zusammen die emotionale Intelligenz ausmachen. Die beiden oberen Fähigkeiten, Selbstwahrnehmung und Selbstmanagement, betreffen Sie persönlich. Die beiden unteren Fähigkeiten, soziales Bewusstsein und Beziehungsmanagement, betreffen Ihren Umgang mit anderen Menschen.

Selbstwahrnehmung

Selbstwahrnehmung ist Ihre Fähigkeit, Ihre eigenen Emotionen sofort genau wahrzunehmen und Ihre Reaktionen in verschiedenen Situationen zu verstehen. Zur Selbstwahrnehmung gehört es, dass Sie bei Ihren typischen Reaktionen auf spezifische Ereignisse, Herausforderungen und Menschen den Überblick behalten. Ein ausgeprägtes Verständnis Ihrer Verhaltensmuster ist wichtig, es hilft Ihnen, Ihre Emotionen rasch zu verstehen. Ein hohes Maß an Selbstwahrnehmung erfordert die Bereitschaft, auch das Unbehagen auszuhalten, sich auf möglicherweise negative Gefühle konzentrieren zu müssen.

Sie werden Ihre Emotionen nur dann wirklich verstehen, wenn Sie lange genug über sie nachdenken. Das Ziel ist es, herauszufinden, wodurch sie entstanden sind und warum sie da sind. Emotionen dienen immer einem Zweck. Da Emotionen in jedem Fall eine Reaktion auf Ihre Umwelt sind, haben sie immer eine Ursache. Oft scheinen Gefühle aus dem Nichts aufzutauchen, und es ist wichtig zu verstehen, warum etwas bei Ihnen diese und keine andere Reaktion ausgelöst hat. Menschen, die so vorgehen, können rasch zum Kern eines Gefühls vordringen. Situationen, die starke Emotionen auslösen, verlangen stets ein längeres Nachdenken. Diese längeren Phasen der Selbstreflexion halten Sie häufig davon ab, etwas zu tun, was Sie anschließend bedauern würden.

Bei der Selbstwahrnehmung geht es nicht darum, verborgene dunkle Geheimnisse oder unbewusste Motivationen aufzudecken, sondern eher darum, ein direktes und aufrichtiges Verständnis dafür zu entwickeln, was einen antreibt. Menschen mit hoher Selbstwahrnehmung wissen bemerkenswert gut, was sie gut können, was ihre Motivation ist und sie befriedigt und welche Menschen und Situationen bei ihnen was auslösen.

Das Überraschende an der Selbstwahrnehmung ist, dass alleine das Nachdenken darüber bereits dazu beiträgt, diese Fähigkeit zu verbessern, auch wenn anfangs tendenziell viel Aufmerksamkeit auf den Dingen liegen wird, die Sie »falsch« machen. Eine gute Selbstwahrnehmung zu haben bedeutet, keine Angst vor den eigenen emotionalen »Fehlern« zu haben. Diese sagen Ihnen, was Sie anders machen sollten, und liefern genau den ständigen Informationsfluss, den Sie zum Verständnis brauchen, während sich Ihr Leben weiterentwickelt.

Selbstwahrnehmung ist eine grundlegende Fähigkeit; wer sie besitzt, tut sich mit den anderen Fähigkeiten der emotionalen Intelligenz sehr viel leichter. Mit zunehmender Selbstwahrnehmung steigt die Lebenszufriedenheit der Menschen – definiert als die Fähigkeit, beruflich und privat ihre Ziele zu erreichen – sprunghaft an. Selbstwahrnehmung ist für die berufliche Leistung so wichtig, dass 83 Prozent der Menschen mit ausgeprägter Selbstwahrnehmung zu den Top-Leistungsträgern zählen, während nur 2 Prozent der Menschen, die beruflich wenig leistungsfähig sind, über eine gute Selbstwahrnehmung verfügen. Warum ist das so? Wenn Sie über Selbstwahrnehmung verfügen, werden Sie mit sehr viel größerer Wahrscheinlichkeit günstige Gelegenheiten wahrnehmen, um Ihre Stärken ins Spiel zu bringen. Und Sie werden sich nicht von Ihren Emotionen bremsen lassen.

Die Wichtigkeit der Selbstwahrnehmung war noch nie größer. In der falschen Annahme, dass die Psychologie sich ausschließlich mit pathologischen Zuständen beschäftigt, gehen wir davon aus, nur eine Krisenzeit fordere, etwas über uns selbst zu lernen. Wir neigen dazu, die Dinge freudig anzunehmen, bei denen wir uns wohlfühlen. Bei den Ereignissen, die für Unbehagen bei uns sorgen, legen wir gerne Scheuklappen an. Dabei ist es tatsächlich das Gesamtbild, das uns dient. Je besser wir schöne Begebenheiten, aber auch Fehler verstehen, desto besser können wir unser volles Potenzial ausschöpfen.

So sieht gute Selbstwahrnehmung aus

Dave T., Serviceleiter
Punktestand Selbstwahrnehmung = 95*

Das sagen Kollegen über ihn:
»Dave hat klare langfristige Ziele und opfert diese nicht für kurzfristige Gewinne. Dave ist ein freimütiger Typ, der mit den Leuten keine Psychospielchen spielt. Das habe ich bei internen Besprechungen und Kundenbesprechungen beobachtet.«

»Das beste Beispiel, das ich bei Dave beobachten konnte, ist sein Verhalten in der Zeit, als er in unsere Firma kam. Ich bin sicher, dass er sofort den starken Wunsch verspürte, Änderungen im Team vor Ort vorzunehmen, aber Dave prüfte zuerst die Situation, das Team und die Kunden mit großer Sorgfalt, bevor er Änderungsvorschläge oder -anweisungen gab.«

»Kurz gesagt, Dave hat seine Emotionen im Griff und nicht umgekehrt. Ich habe erlebt, wie er schwierige Neuigkeiten im Job mit einem Stirnrunzeln aufgenommen hat und dann rasch gemeinsam mit seinem Team nach Lösungen gesucht hat, um die Situation zu verbessern.«

* Werte auf der 1-100-Punkteskala des Tests *Emotional Intelligence Appraisal®*. Die Werte und Kollegenkommentare stammen von wirklich existierenden Personen, auch wenn die Namen und sonstigen Erkennungsmerkmale verändert wurden.

Maria M., Personalleiterin
Punktestand Selbstwahrnehmung = 90

Das sagen Kollegen über sie:
»In jeder Situation, in die ich involviert war, ob sie nun gut oder schlecht ausging, blieb Maria immer ruhig, bedächtig und gefasst – auch bei Gelegenheiten, bei denen ich wusste, dass sie frustriert oder wütend sein musste. Maria ist bezüglich ihrer Gefühle wirklich aufrichtig, ohne sich von ihnen aus der Fassung bringen zu lassen. In schwierigen Situationen versteht sie es, bestimmt und dennoch freundlich zu bleiben.«

»Sie ist immer offen und authentisch, das bedeutet allen, mit denen sie zu tun hat, sehr viel. Ich würde Maria nicht ändern wollen, sie kann jedoch in einigen Fällen etwas strenger werden. Dessen ist sie sich bewusst und achtet darauf, ihre Freundlichkeit hier nicht im Weg stehen zu lassen.«

»In schwierigen Situationen mit Angestellten wählt Maria ihren Tonfall sehr bewusst und bemüht sich immer um ein angemessenes Gespräch. Die Leute haben Vertrauen zu ihr.«

So sieht ein Mangel an Selbstwahrnehmung aus

Tina J., Marketingmanagerin
Punktestand Selbstwahrnehmung = 69

Das sagen Kollegen über sie:
»Gelegentlich übertragen sich Tinas Stress und Hektik auf die anderen. Es wäre gut, wenn sie besser verstehen würde, wie ihr Verhalten die Arbeit und den emotionalen Stress anderer beeinflusst. Manchmal wirkt sie auch abwehrend oder aggressiv, es wäre daher hilfreich für sie, wenn sie sich ihres Tonfalls und ihrer Sprache bewusster wäre.«

»Wenn alles gut läuft für Tina, ist ihre emotionale Intelligenz größer. Sie muss lernen, sich selbst zu lesen und ihre Auslöser zu erkennen, um effizienter reagieren zu können, wenn sie provoziert wird.«

»Sie sollte erkennen, wie sie wahrgenommen wird. Sie kann sehr anspruchsvoll wirken, aber ich glaube nicht, dass sie es wirklich so meint.«

Giles B., Produktionsleiter
Punktestand Selbstwahrnehmung = 67

Das sagen Kollegen über ihn:
»Giles ist stark in ›seiner eigenen kleinen Welt‹ gefangen. Er bemüht sich offensichtlich um seine Mitarbeiter, scheint aber nicht zu wissen, wo die Grenze zu ziehen ist. Seine Persönlichkeit kann erdrückend sein, aber er merkt nicht, wenn jemand anderes von ihm gelangweilt, frustriert oder erdrückt wird.«

»Mit Kunden kann er sehr gut über die Produkte und Dienstleistungen sprechen, die wir anbieten. Bei Gruppenprojekten ist er manchmal so stark auf das Ergebnis fokussiert, dass er den Gesamtablauf dabei übersieht. Würde er sich etwas Zeit nehmen, sodass sich die Emotionen setzen können, und sich dann die Optionen ansehen, mit denen das erwünschte Ergebnis erzielt werden kann, würde alles glatter laufen.«

»Giles ist begeistert bei der Sache. Manchmal steht ihm seine Begeisterung im Weg. So bemerkt er beispielsweise gar nicht, dass ich mit etwas beschäftigt bin, wenn er hereinplatzt und sofort zu reden anfängt. Wenn er aufgeregt ist, redet er einen in Grund und Boden, und es ist schwierig, zu Wort zu kommen. Er meint das nicht böse, er ist nur einfach so übereifrig.«

Selbstmanagement

Selbstmanagement ist das, was geschieht, wenn Sie agieren – oder nicht agieren. Es hängt von Ihrer Selbstwahrnehmung ab und ist der zweite wichtige Teil der persönlichen Kompetenz. Selbstmanagement ist Ihre Fähigkeit, das Bewusstsein für Ihre Emotionen zu nutzen, um flexibel zu bleiben und Ihr Verhalten positiv zu steuern. Anders gesagt, mit Ihren emotionalen Reaktionen auf Situationen und Menschen angemessen umzugehen. Manche Emotionen erzeugen eine lähmende Angst, die Ihr Denken so stark vernebelt, dass Sie die beste Vorgehensweise einfach nicht erkennen – vorausgesetzt, dass Sie etwas tun sollten. In diesen Fällen zeigt sich Ihr Selbstmanagement an Ihrer Fähigkeit, diese Unsicherheit auszuhalten, während Sie Ihre Emotionen und Optionen prüfen. Sobald Sie Ihre Gefühle verstehen und sich mit ihnen anfreunden, wird sich die beste Vorgehensweise wie von selbst herauskristallisieren.

Selbstmanagement ist mehr, als einem explosiven oder problematischen Verhalten zu widerstehen. Die größte menschliche Herausforderung ist, Verhaltenstendenzen dauerhaft in den Griff zu bekommen und Fähigkeiten in verschiedenen Situationen anzuwenden. Offensichtliche und vorübergehende Gelegenheiten für Selbstkontrolle (z.B. »Dieser verflixte Hund macht mich verrückt!«) sind am einfachsten zu erkennen und zu bewältigen. Gute Ergebnisse erzielen Sie, indem Sie Ihre momentanen Bedürfnisse zurückstellen, um größere, wichtigere Ziele zu verfolgen. Die Realisierung solcher Ziele verzögert sich häufig, sodass Ihr Bekenntnis zum Selbstmanagement immer und immer wieder auf dem Prüfstand steht. Die Menschen, die sich selbst am besten in der Hand haben, sind in der Lage, Dinge durchzuziehen, ohne einzuknicken. Der Erfolg winkt denen, die ihre momentanen Bedürfnisse zurückstellen und ihr Verhalten dauerhaft unter Kontrolle halten können.

Gute Ergebnisse erzielen Sie, indem Sie Ihre momentanen Bedürfnisse zurückstellen, um größere, wichtigere Ziele zu verfolgen.

So sieht gutes Selbstmanagement aus

Lane L., Verwaltungsleiterin im Gesundheitswesen
Punktestand Selbstmanagement = 93

Das sagen Kollegen über sie:
»Lane ist der Inbegriff von Geduld und Verständnis in hitzigen, emotionsgeladenen Besprechungen. Andere um sie herum gehen ganz in der Diskussion auf, Lane hingegen hört aufmerksam zu und reagiert mit Wissen und Klugheit.«

»Ich habe hautnah miterlebt, wie gut sie mit schwierigen Situationen umgeht (z.B. Kündigung eines Angestellten). Lane ist sensibel, aber dennoch direkt, und bringt es auf den Punkt. Sie hört geduldig zu und setzt einen hohen Verhaltensstandard.«

»Lane ist im Einzelgespräch großartig. Sie kommuniziert gut und reagiert schnell. Ihre Reaktion auf Krisensituationen ist ausgezeichnet. Ihre Fähigkeit, Emotionen und Logik voneinander zu trennen, macht sie zu einem guten Taktiker. Ich wünschte, wir hätten hier mehr von ihrer Art.«

Yeshe M., Programmierer
Punktestand Selbstmanagement = 91

Das sagen Kollegen über ihn:
»Yeshe managt stressige Situationen und Konfrontationen sehr gut. Egal, wie intensiv er von Projektmanagern mit Fragen und Wünschen bombardiert wird, er verliert nie seine Gelassenheit! Dadurch hat er bei den Projektmanagern eine hohe Glaubwürdigkeit. Er kann auch mit Leuten arbeiten, deren Arbeitsstil ihm nicht zusagt. Ich weiß, dass dieses Hin und Her manchmal frustrierend sein kann, aber Yeshe verliert nie die Geduld.«

»Ich habe Yeshe in einer extrem frustrierenden Situation erlebt, als er etwas nicht erledigen konnte, weil andere Leute ihren Job zuvor nicht gemacht haben. Er ging höflich und professionell damit um. Obgleich er verärgert schien, war er in der Lage, das Verfahren erneut zu erklären, um die bestmögliche Lösung zu erreichen.«

»Ich habe Yeshe nie schlecht über jemanden sprechen hören, der eine andere Meinung oder Idee hat. Hier wird hinter dem Rücken der Leute viel geredet, aber er gibt dieser Versuchung nicht nach, selbst wenn ihm an einer Sache viel liegt.«

So sieht mangelndes Selbstmanagement aus

Jason L., Informationstechnik-Berater
Punktestand Selbstmanagement = 59

Das sagen Kollegen über ihn:
»In stressigen Situationen oder wenn etwas schiefläuft, reagiert Jason manchmal zu schnell, zu scharf oder zusammenhanglos. Ich wünschte, er würde sich Zeit nehmen, um vor einer Reaktion erst einmal herunterzufahren. Er ist zu emotional. Ich habe erlebt, wie Kollegen ungläubig auf die Art und Weise reagiert haben, in der er mit ihnen kommuniziert hat. Jason meint es gut, aber unter Stress verliert er schon mal die Nerven. Seine Reaktionen färben auf seine Teamkollegen ab.«

»Jason sollte sich seiner verbalen Ausbrüche bewusster werden und erkennen, wie sie sowohl auf Kunden als auch Kollegen wirken. Er ist nicht böswillig, er mag andere sehr, aber diese verbalen Fehltritte sind genau das – Ausbrüche, die überdacht werden müssten, bevor er sie äußert. Das passiert ihm häufiger, wenn er gestresst ist.«

»Jason lässt sein Verhalten von seinen Emotionen steuern. Manchmal handelt oder spricht er hastig. Ich wünschte, er würde etwas geduldiger sein und der Situation die Gelegenheit geben, sich von selbst zu lösen, bevor er reagiert. Sehr oft lösen sich diese Situationen allein oder sind gar nicht so dringend, wie er meint, aber bevor man sich versieht, hat er die Wichtigkeit mit einem Wirbelsturm an Nachrichten nach oben geschraubt.«

Mei S., regionale Verkaufsleiterin
Punktestand Selbstmanagement = 61

Das sagen Kollegen über sie:
»Mei sollte nicht *so* ehrlich sein. Ihr Team muss nicht alles wissen, was in der Firma danebengeht. Wenn bestimmte Dinge sie verstimmen, muss sie lernen, das für sich zu behalten. Wenn sie unzufrieden ist, wirkt das auf unser gesamtes Team tonangebend. Mei neigt dazu, in bestimmten Situationen Stress zu verbreiten, und damit beeinflusst sie als Führungskraft ihr Team negativ, indem sie eher Stress und negative Gefühle hervorruft, als diese zu zerstreuen.«

»Es fällt Mei schwer, ihr Team zu seinen Leistungen zu beglückwünschen, was wie eine Art Eifersucht wirkt. So habe ich eher das Gefühl, in Konkurrenz zu ihr zu stehen, und weniger, als wünsche sie meinen Erfolg. Ich glaube, Mei ist ein wirklicher Verkaufsprofi, und sie behandelt Kunden gut. Ich wünschte, sie würde ihre Mitarbeiter ebenso behandeln.«

»Mei sollte initiativ sein, nicht reaktiv. In Krisenzeiten sollte sie nicht jedem erzählen, wie gestresst sie ist. Sie ist dermaßen auf ihren persönlichen Erfolg fokussiert, dass sie sich vielleicht selbst zu viel aufbürdet. Sie hat mit der Leitung des West Coast Teams ein anspruchsvolles Arbeitspensum, aber sie muss ihre Emotionen zurückhalten, wenn Leute in Meetings über ihre eigenen Probleme Dampf ablassen.«

Soziales Bewusstsein

Soziales Bewusstsein ist die erste Komponente der sozialen Kompetenz und eine grundlegende menschliche Fähigkeit. Soziales Bewusstsein ist Ihre Fähigkeit, Emotionen anderer Menschen genau zu erfassen und zu verstehen, was in anderen vorgeht. Das bedeutet häufig, die Gedanken und Gefühle anderer wahrzunehmen, obwohl Sie selbst anders fühlen. Nur zu leicht ist man in seinen eigenen Emotionen gefangen und vergisst, die Sichtweise der anderen Seite in Betracht zu ziehen. Soziales Bewusstsein sorgt dafür, dass Sie fokussiert bleiben und entscheidende Informationen aufnehmen.

Zuhören und beobachten sind die wichtigsten Elemente des sozialen Bewusstseins. Um gut zuhören und beobachten zu können, was um uns herum vorgeht, müssen wir aufhören, vieles zu tun, was wir gerne machen. Wir müssen aufhören zu reden und den Monolog beenden, der uns vielleicht durch den Kopf geht. Zudem sollten wir aufhören, ein Argument vorwegzunehmen, das jemand anderes gerade äußern will, und aufhören, daran zu denken, was wir als Nächstes sagen werden. Es verlangt Übung, andere Menschen wirklich zu beobachten, während sie mit Ihnen interagieren, und ein gutes Gefühl dafür zu bekommen, was sie denken und fühlen. Gelegentlich werden Sie sich vorkommen wie ein Anthropologe. Diese Berufsgruppe verdient ihren Lebensunterhalt damit, andere in ihrem natürlichen Verhalten zu beobachten, ohne ihre Beobachtungen von ihren eigenen Gedanken und Gefühlen stören zu lassen. Das ist soziales Bewusstsein in seiner reinsten Form. Der Unterschied ist, dass Sie nicht aus 1000 Metern Entfernung durch ein Fernglas beobachten, wie sich die Ereignisse entwickeln. Soziales Bewusstsein zu haben bedeutet, die Emotionen anderer zu erkennen und zu verstehen, während Sie mitten unter ihnen sind – also ein Teilnehmer der Interaktion mit wachem Bewusstsein, der seinen Beitrag leistet.

So sieht gutes soziales Bewusstsein aus

Alfonso J., Verkaufsleiter einer pharmazeutischen Firma
Punktestand soziales Bewusstsein = 96

Das sagen Kollegen über ihn:
»Alfonso hat das seltene Talent, die Emotionen anderer sehr gut lesen zu können. Er passt sich verschiedenen Situationen an, und es gelingt ihm, praktisch mit jedem eine Beziehung aufzubauen. Gute Beispiele sind: gemeinsame Arbeitsessen, Besprechungen und die Begleitung von Außendienstmitarbeitern.«

»Alfonso leistet ausgezeichnete Arbeit in Zusammenhang mit Frustrationen, die Außendienstmitarbeiter durch andere Abteilungen unserer Firma erleben. Er gibt immer auf seine Außendienstler acht und hat die Fähigkeit, in deren Haut zu schlüpfen und sich zu fragen, was in einer Situation falsch läuft. Die Leute sind Alfonso gegenüber sehr loyal.«

»Alfonso erkennt Emotionen sehr erfolgreich, wenn es um die Verkaufszahlen seiner Außendienstmitarbeiter zum Monatsende und Jahresende geht, sodass er aus seinem Team das Beste herausholt. Es gelang ihm, bei Geschäftsessen eine Beziehung zu den Ärzten herzustellen, weil er spürte, wie er die Unterhaltung führen musste, ohne dass sie sich kontrolliert vorkamen.«

Maya S., Leiterin der Organisationsentwicklung
Punktestand soziales Bewusstsein = 92

Das sagen Kollegen über sie:
»Maya hat die verblüffende Fähigkeit, heikle Themen zu erkennen und anzusprechen. Sie ist sehr gut darin, die Gefühle anderer anzuerkennen, wenn sie schwierige Neuigkeiten mitteilen muss. Sie denkt darüber nach, wie andere sich fühlen, und passt ihren Kommunikationsstil entsprechend an, um dazu beizutragen, dass eine Lösung gefunden wird. Sie befasst sich auf einer persönlichen Ebene mit anderen Menschen, sodass sie deren Sichtweise besser versteht und gut mit ihnen arbeiten kann.«

»Maya ist in Besprechungen mit Führungskräften großartig. Sie hört Kollegen respektvoll zu und bietet ihre Meinung an. Sie ist aufrichtig daran interessiert, die Menschen zu verstehen, und sorgt für wertvolle Erkenntnisse auf der Basis dessen, was diese sagen oder tun. Sie ist eine gute Teambilderin, die es versteht, die Bindungen innerhalb des Teams zu stärken.«

»Maya ist die beste ›aktive Zuhörerin‹, die ich je erlebt habe. Sie hat die Fähigkeit, ihre Kommentare so in den Zusammenhang zu stellen, dass sie gut verstanden werden. Sie ist anderen gegenüber respektvoll, kann aber ihre Autorität durchsetzen. Maya motiviert die Leute und regt sie an. Sie kann andere aufrichten und ihnen die Nervosität nehmen.«

So sieht ein Mangel an sozialem Bewusstsein aus

Craig C., Anwalt
Punktestand soziales Bewusstsein = 55

Das sagen Kollegen über ihn:
»Craig muss zulassen, dass andere sich mit ihren Ideen wohlfühlen, auch wenn er selbst einen besseren Plan hat. Er muss auch geduldiger werden und es anderen ermöglichen, ebenfalls wirksame Konzepte zu haben, die einfach nur anders sind als sein Konzept. Ich wünschte, er würde verstehen, was andere fühlen und denken, und bemerken, wie sich Situationen darstellen, *bevor* er seine Meinung äußert oder Lösungen anbietet.«

»Craig muss besser zuhören. Er muss darauf achten, was gesagt wird, statt zu überlegen, was er sagen möchte. Aus seiner Körpersprache lässt sich normalerweise schließen, dass er anderen nicht zuhört, was diese abschreckt. Es wäre auch wünschenswert, dass er genauer ist, wenn er die Ideen anderer darstellt.«

»Craig ist niemand, der sich unters Volk mischt. Er ist stark auf die Arbeit fokussiert und wirkt manchmal desinteressiert daran, was in einem anderen Menschen vorgeht. Wenn er neue Ideen hat (oder Ideen von seiner vorherigen Firma), fällt es ihm schwer, sie so zu erklären, dass das Team sie akzeptiert. Craig sollte lernen, anderen mit den Ohren und mit dem Herzen zuzuhören. Er scheint sich auf seine Positionen zu versteifen und ist nicht gewillt, die Standpunkte anderer zu akzeptieren oder ihren Input in seine Entscheidungen zu integrieren.«

Rachel M., Projektmanagerin
Punktestand soziales Bewusstsein = 62

Das sagen Kollegen über sie:
»Rachel übersieht bei Besprechungen die nichtfachlichen Unterströmungen. Ihr entgehen Stimmungen und die Entwicklung von Meinungen. Rachel muss lernen, die nichtfachliche, menschliche Seite bei Besprechungen wahrzunehmen sowie Leute und deren Gefühle zu studieren.«

»Rachel fokussiert sich ganz und gar auf ein spezielles Problem und sieht den Wald vor lauter Bäumen nicht. Das kann für uns in ihrem Umfeld frustrierend sein. Normalerweise nimmt sie unsere Reaktionen nicht wahr. Sie sollte erst prüfen, ob jeder, der mit am Tisch sitzt, auf dem Laufenden ist, bevor sie sich zu stark in den Details ihres Projekts verliert. Sie wäre gut beraten, das Thema in groben Zügen zu umreißen, anstatt sofort jedem alle Details darzulegen.«

»Rachel ist bei Teambesprechungen und in Einzelgesprächen manchmal so mit ihren eigenen Gedanken beschäftigt, dass sie gar nicht wirklich zuhört. Dadurch ist sie weniger leistungsstark, weil sie an der Unterhaltung nicht aktiv teilnimmt und Gelegenheiten verpasst, deren Richtung zu beeinflussen. Rachel muss daran arbeiten, Themen oder Standpunkte anderer zu berücksichtigen, um deren Sichtweise wirksamer beeinflussen oder zumindest direkt ansprechen zu können. Es würde ihr auch helfen, wenn sie daran arbeitete, ihre Gespräche möglichst prägnant und gezielt zu führen. Die Leute verlieren bei langatmigen Erklärungen, oder wenn ihnen die Botschaft unklar ist, das Interesse oder sind verwirrt.«

Beziehungsmanagement

Auch wenn das Beziehungsmanagement die zweite Komponente der sozialen Kompetenz ist, speist sich diese Fähigkeit doch häufig aus der Selbstwahrnehmung, dem Selbstmanagement und dem sozialen Bewusstsein. Beziehungsmanagement ist die Fähigkeit, das Bewusstsein für eigene Emotionen und die Emotionen anderer dafür zu nutzen, Interaktionen erfolgreich zu bewältigen. So sorgen Sie für eine eindeutige Kommunikation und ein effektives Konfliktmanagement. Beziehungsmanagement ist zudem die Bindung, die Sie im Lauf der Zeit zu anderen aufbauen. Menschen, die mit ihren Beziehungen gut zurechtkommen, erkennen den Vorteil darin, sich mit vielen unterschiedlichen Menschen zu vernetzen, auch mit Leuten, die sie nicht sonderlich mögen. Feste Beziehungen sollten gesucht und wertgeschätzt werden. Sie ergeben sich daraus, wie Sie die Menschen verstehen, sie behandeln und welche Geschichte Sie mit ihnen teilen.

Je schwächer die Verbindung ist, die Sie zu einem anderen Menschen haben, desto schwieriger ist es, Ihren Standpunkt zu vermitteln. Wenn Sie möchten, dass man Ihnen zuhört, müssen Sie Beziehungsmanagement üben und die Vorteile in jeder Beziehung suchen, insbesondere in schwierigen Beziehungen. Der Unterschied zwischen einer Interaktion und einer Beziehung liegt in der Häufigkeit des Umgangs. Er ist das Ergebnis von Qualität, Tiefe und Zeit im Umgang mit einem anderen Menschen.

Die größte Herausforderung für die meisten Menschen ist das Beziehungsmanagement in Stresszeiten. Wenn Sie bedenken, dass über 70 Prozent der Leute, die wir getestet haben, Probleme mit der Stressbewältigung haben, versteht man leicht, warum der Aufbau qualitätsvoller Beziehungen eine Herausforderung darstellt. Viele der schwierigsten und stressigsten Situationen, denen Menschen sich gegenübersehen, treten am Arbeitsplatz auf. Konflikte am Arbeitsplatz nagen an Menschen, wenn diese Probleme passiv meiden, weil es ihnen an den nötigen Fähigkeiten fehlt, eine direkte, konstruktive Unterhaltung in Gang zu setzen. Konflikte am Arbeitsplatz explodieren gerne, wenn Menschen mit ihrer Wut oder ihrer Frustration nicht richtig umgehen können und diese an anderen auszulassen. Das Beziehungsmanagement verleiht Ihnen die erforderlichen Fähigkeiten, um beide Szenarien zu vermeiden und aus jeder Interaktion mit einem anderen Menschen das Beste herauszuholen.

So sieht gutes Beziehungsmanagement aus

Gail C., Finanzvorstand
Punktestand Beziehungsmanagement = 95

Das sagen Kollegen über sie:
»Gail besitzt die angeborene Fähigkeit, in den Menschen und ihren Emotionen zu lesen, und was sie dabei erfährt, nutzt sie, um ein sicheres und einladendes Diskussionsforum zu schaffen. Es ist nie vorgekommen, dass Gails Türe nicht ›offen‹ war, wenn ich sie brauchte, und es gelingt ihr immer, sich ihre angenehme und professionelle Art zu bewahren, selbst wenn die Arbeitsbelastung hoch ist. Die Leute wissen, dass sie auf Gail zählen können und dass sie alles, was man ihr im Vertrauen erzählt, auch wirklich für sich behält.«

»Gail ist anderen gegenüber sehr sensibel und versucht, Situationen zu verbessern. Ist jemand verstimmt, fragt sie so viel nach, dass sie die Situation überblicken kann, und ist dann in der Lage, dieser Person konkret zu raten und zu helfen, sodass sie sich um 100 Prozent besser fühlt. Bei Gail fühlt man sich immer klug und selbstbewusst, sogar dann, wenn man einen Fehler gemacht hat. Sie hilft ihrem Team, besser zu werden, zu wachsen und geht mit gutem Beispiel voran, indem sie mit den Leuten positiv umgeht und ihnen Mut zuspricht.«

»Selbst bei schwierigen Gesprächen bemüht sich Gail, mit allen Beteiligten ein gutes, angenehmes Verhältnis zu wahren. Gail findet etwas über die Interessen des anderen heraus und stellt dazu ein paar Fragen, wenn sie die Person trifft, selbst wenn es scheinbar keine Gemeinsamkeiten zwischen ihnen gibt. Gail hat ihre eigenen Emotionen gut im Griff und scheint sogar dasselbe zu fühlen wie man selber, wenn sie mit einem spricht. Dadurch hat man das Gefühl, ein gutes Verhältnis zu ihr zu haben und von ihr verstanden zu werden.«

Allister B., Arzt
Punktestand Beziehungsmanagement = 93

Das sagen Kollegen über ihn:
»Allister ist ein wunderbar geduldiger, empathischer Zuhörer, und daher lieben ihn seine Patienten so. Er bemüht sich sehr, unvoreingenommen zu sein, und gibt anderen immer einen Vertrauensbonus. Er geht mit dem Pflegepersonal genauso um wie mit Fachleuten. Ich habe Allister in Situationen erlebt, wo Familienangehörige seiner Patienten schwierige Fragen gestellt haben und er immer in der Lage war, ruhig zu bleiben und zu antworten, ohne das fragende Familienmitglied zu verprellen. Er hört aufmerksam zu, wenn andere sprechen, und zeigt nie, dass er dadurch verstimmt oder genervt ist. Er antwortet freundlich, aber mit Autorität.«

»Allisters Fähigkeiten im Umgang mit anderen sind hervorragend. In Situationen, in denen ich ihn alles andere als erfreut über ein spezielles Ergebnis erlebt habe, hat er seinen Standpunkt immer wohlüberlegt erläutert, ohne wütend zu werden oder auszuflippen. Ich würde ihn als direkt bezeichnen, aber frei von Konfrontationsverhalten oder Unkontrolliertheit. Er lobt auch sofort die Bemühungen und den Erfolg des Teams, wenn dies angebracht ist. Er versteht es, das Gesamtbild zu sehen, und dann mit Anteilnahme und Realismus zu helfen.«

»Nie bin ich von Allister weggegangen, ohne ein 110-prozentiges Gefühl zu haben. Er weiß, wann er ein Problem sensibel angehen und wann er loben und ermutigen muss. Allister kennt seine Kollegen sehr gut, das versetzt ihn in die Lage, mit Konflikten auf ruhige und positive Art umzugehen. Man respektiert ihn dafür, dass er Feedback sammelt, bevor er Schlussfolgerungen zieht. Er versucht, den besten Weg für die Kommunikation mit anderen zu finden, selbst dann, wenn Opposition, Verwirrung oder offener Konflikt in der Luft liegen. Seine Fähigkeit, anderen gegenüber Empathie zu zeigen, ist überragend und sorgt für positive, starke Beziehungen.«

So sieht ein Mangel an Beziehungsmanagement aus

Dave M., Verkaufsmanager
Punktestand Beziehungsmanagement = 66

Das sagen Kollegen über ihn:
»Wenn Dave jemanden nicht auf Augenhöhe mit sich sieht, lässt er erkennen, dass er es nicht für wert erachtet, eine Beziehung zu entwickeln. Ich wünschte, er würde dennoch die nötige Zeit und die Mittel aufwenden, um einen Gewinn zu erreichen. Wenn er den Eindruck hat, dass ein bestimmter Mitarbeiter kein ›Verbündeter‹ ist, sondern jemand, dem nicht zu trauen ist, äußert er seine Meinung über diese Person sehr offen. Das färbt auf die Leute ab, mit denen er darüber spricht, und untergräbt den Kameradschaftsgeist. Dave ist normalerweise erfolgreich, wenn er Leute besser kennt und das Vertrauen hat, dass sie keine Bedrohung darstellen, aber er wird das überwinden müssen, wenn er auf der Karriereleiter weiter nach oben klettern möchte.«

»Dave kann etwas aufgedreht sein, wenn er neuen Leuten begegnet, was durchaus ein guter Zug sein kann, aber manche reagieren auf diese Begeisterung nicht und ziehen sich von ihm zurück. Das macht es schwierig für sie, eine Verbindung zu ihm zu bekommen. Ich würde mir wünschen, dass Dave daran arbeitet, sein Team zu einer Mannschaft zu machen, und dass das Gefühl verschwindet, dass Entscheidungen aufgrund seiner persönlichen Meinung oder zufällig getroffen werden. Zu häufig haben die Leute den Eindruck, dass ihre Meinung ignoriert wird, obwohl sie eine solide Begründung für diese Meinung liefern.«

»Bei Dave ist es so, dass er auf andere Menschen eher reagiert, als ihnen zu antworten. Eine feste Meinung zu haben ist ja schön, aber die Gedanken anderer abzulehnen ist nicht in Ordnung. Er sollte seinen Kommunikationsstil auch auf seinen jeweiligen Gesprächspartner abstimmen. Fast immer geht er sehr direkt vor, womit manche schlecht zurechtkommen.«

Natalie T., Hotelfachangestellte
Punktestand Beziehungsmanagement = 69

Das sagen Kollegen über sie:
»Natalie bagatellisiert häufig die Ansicht oder Erfahrung anderer. Sie rechtfertigt schlechte Situationen, indem sie äußert, es könnte noch viel schlechter sein, man würde das nur nicht verstehen oder sollte sich einfach zusammenreißen. Sie wirkt schroff und nicht empathisch, insbesondere gegenüber Untergebenen. Ich wünschte, sie wäre im Umgang mit ihnen aufrichtiger und würde eine allgemeine Wertschätzung für andere zeigen.«

»Natalie muss aufhören, in jeder Situation Mängel zu finden. Das ist anstrengend und demotivierend. Sie muss anfangen, die Leistungen anderer anzuerkennen. Natalie gilt als streng, schwierig in der Zusammenarbeit und unnahbar. Sie mag zwar Erfolge erreichen, aber dies geschieht auf Kosten anderer.«

»Ich würde mich freuen, wenn Natalie keine wertenden oder negativen Äußerungen ihrem Team oder anderen gegenüber machen würde, wenn diese Äußerungen nichts helfen. Den Leuten klarzumachen, was anders gemacht werden könnte, hilft ihnen, sich weiterzuentwickeln, aber ihr beständiges negatives Feedback wirkt so, als habe sie es nötig, andere kleinzumachen. Die Leute schätzen ihren Input nicht mehr und werten diesen häufig nur noch als ihr Bedürfnis, als überlegen gesehen zu werden.«

4

DRANBLEIBEN: EIN AKTIONSPLAN ZUR VERBESSERUNG IHRER EMOTIONALEN INTELLIGENZ

Informationen bewegen sich zwischen der rationalen und der emotionalen Gehirnhälfte hin und her wie Autos in der Stadt. Wenn Sie EQ-Fähigkeiten einüben, fließt der Verkehr in beiden Richtungen problemlos. Eine Zunahme des Verkehrs stärkt die Verbindungen zwischen Ihrer rationalen und Ihrer emotionalen Gehirnhälfte. Ihr EQ wird stark durch Ihre Geschicklichkeit beeinflusst, diese Straße gut befahren zu halten. Je mehr Sie darüber nachdenken, was Sie fühlen – und mit diesen Gefühlen etwas Produktives tun –, desto besser entwickelt sich diese Strecke. Einige von uns kämpfen sich auf einer zweispurigen Landstraße voran, während andere eine fünfspurige Autobahn gebaut haben. Ob die erste oder zweite Variante Sie besser beschreibt, ist unerheblich, es ist immer Platz für weitere Fahrbahnen.

»Neuronale Plastizität« nennen Neurologen die Fähigkeit des Gehirns, sich zu verändern und anzupassen. Ihr Gehirn baut neue Verbindungen auf, ähnlich wie Ihr Bizeps größer wird, wenn Sie mehrmals pro Woche Gewichte heben. Die Veränderung erfolgt nach und nach, und es wird immer leichter, das Gewicht zu heben, je länger Sie regelmäßig trainieren. Im Gegensatz zum Bizeps kann Ihr Gehirn nicht größer werden, da sein Platz vom Schädel begrenzt wird; stattdessen entwickeln die Gehirnzellen neue Verbindungen, um die Denkleistung zu beschleunigen, ohne dabei an Größe zuzunehmen.

Wenn Sie die Strategien der folgenden Kapitel zur Verbesserung Ihrer emotionalen Intelligenz anwenden, werden die Milliarden mikroskopisch kleiner Neuronen, die die Straße zwischen Ihrer rationalen und Ihrer emotionalen Gehirnhälfte säumen, kleine »Arme« austreiben (ähnlich den Ästen eines Baums), um andere Zellen zu erreichen. Eine einzige Zelle kann 15 000 Verbindungen zu ihren Nachbarn aufbauen. Dieses Wachstum der Neuronen, das wie eine Kettenreaktion angestoßen wird, sorgt für eine Stärkung des Gedankenpfads, der für das Verhalten verantwortlich ist. Dadurch wird es künftig einfacher, diese neue Resource zu aktivieren.

Um sich diese Strategien wirklich anzueignen, werden Sie sie wiederholt üben müssen. Es kann gewaltige Anstrengungen erfordern, ein neues Verhalten zu erlernen, aber wenn Sie Ihr Gehirn trainieren, wird dieses schnell zur Gewohnheit. Wenn Sie beispielsweise normalerweise herumbrüllen, wenn Sie wütend sind, müssen Sie lernen, eine alternative Reaktion zu wählen. Diese neue Reaktion müssen Sie oft üben, bevor sie Ihren Drang ersetzt zu schreien. Anfangs wird es äußerst schwierig sein, etwas anderes zu machen, als verbal sehr laut zu werden, wenn Sie wütend sind. Aber jedes Mal, wenn es Ihnen gelungen ist, wird der alternative Weg gestärkt. Schließlich wird der Drang, laut zu werden, so unbedeutend, dass es einfach ist, ihn zu ignorieren. Studien haben eine dauerhaft anhaltende Änderung des EQ nachgewiesen, sechs Jahre, nachdem die neuen Fähigkeiten erstmals geübt wurden.

Eine einzige Zelle kann 15 000 Verbindungen zu ihren Nachbarn aufbauen. Dieses Wachstum der Neuronen, das wie eine Kettenreaktion angestoßen wird, sorgt für eine Stärkung des Gedankenpfades, der für das Verhalten verantwortlich ist. Dadurch wird es künftig einfacher, diese neue Resource zu aktivieren.

Der folgende Aktionsplan zur emotionalen Intelligenz wird Ihnen dabei helfen, Ihre Bemühungen wirksamer zu bündeln, wenn Sie die EQ-Strategien der weiteren Kapitel erkunden und anwenden. Gehen Sie anhand dieser Schritte vor, um Ihren Aktionsplan zur emotionalen Intelligenz zu vollenden:

1. **Übertragen Sie Ihre Punktezahlen aus dem *Emotional Intelligence Appraisal®* in den ersten Teil (Mein Weg beginnt) Ihres Aktionsplans zur emotionalen Intelligenz auf Seite 55.** Schreiben Sie direkt in dieses Buch.
2. **Greifen Sie eine Fähigkeit der emotionalen Intelligenz heraus, an der Sie arbeiten wollen.** Der menschliche Verstand kann sich jeweils immer nur auf eine Fähigkeit der emotionalen Intelligenz erfolgreich konzentrieren. Selbst die ehrgeizigsten Menschen sollten darauf vertrauen, dass sorgfältiges Arbeiten an einer einzigen Fähigkeit sie bereits weit bringen wird – ihr Können in anderen Fähigkeiten der emotionalen Intelligenz wird von diesen Bemühungen ebenfalls profitieren. Ihr Bewertungsbericht für den Test *Emotional Intelligence Appraisal®* empfiehlt Ihnen eine Fähigkeit, mit der Sie beginnen sollten. Vielleicht möchten Sie selbst eine Fähigkeit auswählen, wir empfehlen jedoch, nicht mit dem Beziehungsmanagement zu beginnen, wenn Ihre Punktezahl in allen vier Fähigkeiten der EI unter 75 lag.
3. **Suchen Sie für die gewählte Fähigkeit drei Strategien aus.** Ihr Bewertungsbericht zum *Emotional Intelligence Appraisal®* empfiehlt spezielle Strategien aus diesem Buch, die sich auf die Analyse Ihres Punkteprofils stützen. Halten Sie sich entweder an diese Empfehlungen oder suchen Sie sich andere Strategien aus dem Kapitel über die Strategien für die gewählte Fähigkeit aus.
4. **Wählen Sie einen Mentor für die emotionale Intelligenz.** Finden Sie jemanden, der in Ihrer gewählten EI-Fähigkeit begabt ist, und fragen Sie diese Person, ob sie bereit ist, Ihnen auf Ihrem Weg in regelmäßigen Abständen Feedback und Anleitung zu geben. Sorgen Sie für regelmäßige Treffen und tragen Sie den Namen dieser Person in Ihren Aktionsplan ein.
5. **Merken Sie sich Folgendes für die Anwendung der gewählten Strategien:**
   Erwarten Sie Erfolg, keine Perfektion. Bei der Entwicklung neuer EI-Fähigkeiten bedeutet Perfektion, dass Sie sich zu wenig abverlangen. Wenn Sie sich weiter verbessern möchten, ge-

hört es dazu, dass Sie sich immer wieder einmal dabei ertappen, wie Ihre Emotionen Sie überwältigen.

Üben, üben, üben. Alleine die Übungsmenge ist das wirkliche Geheimnis für die Verbesserung Ihrer EI-Fähigkeiten. Üben Sie Ihre EI-Strategien, so oft es geht, in unterschiedlichen Situationen und mit verschiedensten Menschen.

Haben Sie Geduld. Wenn Sie an der Verbesserung Ihrer EI arbeiten, wird es ein paar Monate dauern, bis Sie eine anhaltende Veränderung feststellen. Die meisten Menschen sehen messbare und anhaltende Veränderungen erst drei bis sechs Monate, nachdem sie begonnen haben, daran zu arbeiten.

6. **Bewerten Sie Ihren Fortschritt.** Sobald Sie ausreichende Fortschritte in der EI-Fähigkeit erreicht haben, die Sie für den ersten Teil Ihres Aktionsplans ausgesucht haben, gehen Sie online und machen den Test *Emotional Intelligence Appraisal®* ein zweites Mal. Füllen Sie den zweiten Teil des Aktionsplans aus.

MEIN EI-AKTIONSPLAN

Erster Teil – Mein Weg beginnt
Datum:

Tragen Sie Ihre Punktezahlen aus dem Test *Emotional Intelligence Appraisal®* unten ein.

	Punktezahl
Allgemeiner EQ:	________
Selbstwahrnehmung:	________
Selbstmanagement:	________
Soziales Bewusstsein:	________
Beziehungsmanagement:	________

Suchen Sie eine EI-Fähigkeit und drei Strategien dazu aus

An welcher der vier Kernfähigkeiten der emotionalen Intelligenz wollen Sie zuerst arbeiten? Markieren Sie die gewählte Fähigkeit in der Abbildung unten.

Sehen Sie sich die Strategien für die EI-Fähigkeit an, die Sie gewählt haben, und tragen Sie unten bis zu drei davon ein, die Sie üben wollen.

1. ______________________________

2. ______________________________

3. ______________________________

Mein EI-Mentor

Wen kennen Sie, der in Ihrer gewählten EI-Fähigkeit begabt und auch zeitlich in der Lage ist, Ihnen auf Ihrem Weg mit Feedback und Rat zur Seite zu stehen?

Mein EI-Mentor ist: ______________________

Zweiter Teil – So weit bin ich auf meinem Weg gekommen
Datum:

Nachdem Sie den Test *Emotional Intelligence Appraisal®* erneut gemacht haben, tragen Sie unten Ihre neuen und Ihre alten Punktzahlen ein.

	Alt Punkte	Neu Punkte	+/- Veränderung
Allgemeiner EQ	______	______	______
Selbstwahrnehmung:	______	______	______
Selbstmanagement:	______	______	______
Soziales Bewusstsein:	______	______	______
Beziehungsmanagement:	______	______	______

Suchen Sie eine neue EI-Fähigkeit und drei Strategien aus

Worauf wollen Sie Ihre Entwicklungsbemühungen auf der Grundlage der Erläuterungen in Ihrem Bewertungsbericht für den Test *Emotional Intelligence Appraisal®* konzentrieren? Suchen Sie eine neue EI-Fähigkeit aus und markieren Sie diese in der Abbildung unten.

Sehen Sie sich die Strategien für die EI-Fähigkeit an, die Sie gewählt haben, und tragen Sie unten bis zu drei davon ein, die Sie üben wollen.

1. ______________________________

2. ______________________________

3. ______________________________

Mein neuer EI-Mentor

Wen kennen Sie, der in Ihrer neu gewählten EI-Fähigkeit begabt und in der Lage ist, Ihnen Feedback und Rat auf Ihrem Weg zu geben?

Mein neuer EI-Mentor ist: ______________________

5

STRATEGIEN FÜR DIE ENTWICKLUNG DER SELBSTWAHRNEHMUNG

Eine gute Selbstwahrnehmung zu besitzen bedeutet zu wissen, wie man wirklich ist. Anfangs kann der Begriff Selbstwahrnehmung etwas schwammig wirken. Es gibt keine Ziellinie, wo Ihnen jemand eine Medaille umhängt und konstatiert, dass Sie nun eine gute Selbstwahrnehmung haben. Selbstwahrnehmung bedeutet nicht nur zu wissen, ob man eher ein Morgenmensch oder eine Nachteule ist, sondern geht viel tiefer. Sich selbst in- und auswendig zu kennen ist ein kontinuierlicher Prozess, bei dem man wie bei einer Zwiebel die verschiedenen Schichten löst und sich mit dem, was sich im Kern befindet, zunehmend wohlfühlt – dem wahren Selbst.

Ihre vorprogrammierten emotionalen Reaktionen treten ein, bevor Sie die Chance zu einer bewussten Reaktion haben. Die Emotionen lassen sich aus der Gleichung nicht ausklammern; um sich selbst und seine Beziehungen erfolgreich zu managen, muss man sich darum der eigenen positiven und negativen Gefühle erst einmal bewusst werden.

Wenn Sie sich nicht die Zeit nehmen, Ihre Emotionen zu beobachten und zu verstehen, tauchen diese auf, wenn Sie am wenigsten damit rechnen und es sich am wenigsten wünschen. Über diesen Umweg versuchen sie, Sie auf etwas Wichtiges aufmerksam zu machen. Diese Emotionen werden bleiben, und der durch sie verursachte Schaden wird immer mehr zunehmen, bis Sie endlich Notiz von ihnen nehmen.

Es kann verunsichern, mit der Wahrheit über sich selbst konfrontiert zu werden. Sich den eigenen Emotionen und Verhaltensweisen zu stellen verlangt Ehrlichkeit und Mut. Seien Sie geduldig und bewerten Sie auch die kleinsten Fortschritte als positive Entwicklung. Wenn Sie anfangen, Dinge an sich selbst zu bemerken, die Ihnen bisher nicht bewusst waren (und die Ihnen nicht immer gefallen werden), machen Sie bereits Fortschritte.

Dieses Kapitel macht Sie mit 15 einfachen Strategien und Beispielen bekannt, die entwickelt wurden, um Ihnen zu helfen, Ihre Selbstwahrnehmung zu verbessern. Sie sind einfach und arbeiten mit vielen Einblicken und Beispielen, um Ihnen zu helfen.

STRATEGIEN FÜR DIE ENTWICKLUNG DER SELBSTWAHRNEHMUNG

1. Hören Sie auf, Ihre Gefühle als gut oder schlecht zu bewerten.
2. Beobachten Sie, wie sich Ihre Emotionen auswirken.
3. Stellen Sie sich Ihrem Unbehagen.
4. Spüren Sie Ihre Emotionen körperlich.
5. Erkennen Sie, wer und was bei Ihnen als Auslöser wirkt.
6. Beobachten Sie sich scharfsichtig wie ein Falke.
7. Führen Sie Tagebuch über Ihre Emotionen.
8. Lassen Sie sich von schlechter Stimmung nicht täuschen.
9. Lassen Sie sich auch von guter Stimmung nicht täuschen.
10. Halten Sie inne und fragen Sie sich, warum Sie sich so verhalten, wie Sie es tun.
11. Schauen Sie sich Ihre Werte an.
12. Prüfen Sie sich selbst.
13. Erkennen Sie Ihre Emotionen in Büchern, Filmen und Musik wieder.
14. Suchen Sie nach Feedback.
15. Lernen Sie sich unter Stress kennen.

1. Hören Sie auf, Ihre Gefühle als gut oder schlecht zu bewerten

Es gehört zur Natur des Menschen, Gefühle in zwei Kategorien zu unterteilen: gute und schlechte. Die meisten Leute werden beispielsweise Schuld automatisch als *schlecht* bewerten. Sie wollen sie nicht empfinden – werden sich vielleicht sogar dafür geißeln – und alles tun, um solche Gefühle loszuwerden. Ebenso neigen wir dazu, *guten* Emotionen wie freudiger Erregung ungehindert Lauf zu lassen. Wir pumpen uns damit voll und nähren uns von der Energie.

Der Nachteil dieser Etikettierung von Gefühlen ist, dass die Beurteilung der Emotionen verhindert, dass Sie wirklich verstehen, was Sie da fühlen. Wenn Sie es sich erlauben, ein Gefühl einfach zuzulassen und sich seiner voll bewusst zu werden, können Sie verstehen, wodurch es ausgelöst wird. Werden Emotionen nicht beurteilt, können sie ihren Verlauf nehmen und wieder verschwinden. Urteilen Sie jedoch darüber, ob Sie das, was Sie fühlen, überhaupt fühlen dürfen oder nicht, werden nur weitere Emotionen angehäuft, und das ursprüngliche Gefühl kann nicht seinen natürlichen Verlauf nehmen.

Werden Emotionen nicht beurteilt, können sie ihren Verlauf nehmen und wieder verschwinden.

Das nächste Mal, wenn Sie merken, dass sich ein Gefühl aufbaut, beachten Sie es sofort. Verkneifen Sie es sich, dieses Gefühl in die gute oder schlechte Schublade zu stecken, und bedenken Sie, dass dieses Gefühl Ihnen helfen soll, etwas Wichtiges besser zu verstehen.

2. Beobachten Sie, wie sich Ihre Emotionen auswirken

Stellen Sie sich einmal kurz vor, was geschieht, wenn Sie einen Stein ins Wasser werfen. Mit seinem Gewicht dringt der Stein rasch durch die Wasseroberfläche und kräuselt das Wasser wellenartig in alle Richtungen. Die Wellen Ihrer Gefühle erfassen die Menschen in Ihrem Leben. Da Emotionen der primäre Antrieb Ihres Verhaltens sind, ist es wichtig, dass Sie die Auswirkung verstehen, die diese Gefühle auf andere Menschen haben.

Nehmen wir einmal an, ein Manager verliert die Beherrschung und schimpft vor dem übrigen Team mit einem Angestellten. Zum Zeitpunkt dieser Maßregelung mag es so scheinen, als sei die Zielperson des Managers die einzige, deren Gefühle verletzt werden, aber der wellenartige Effekt des Ausbruchs beeinflusst alle, die Zeuge davon geworden sind. Wenn die übrigen Teammitglieder an ihre Schreibtische zurückgehen, fühlen auch sie die Wut des Managers. Sie machen sich mit einem flauen Gefühl in der Magengrube wieder an die Arbeit, und jeder überlegt, wann er wohl an der Reihe sein wird.

Der Manager ist der Ansicht, seine Standpauke wirke sich positiv auf die Produktivität aus, weil die Schimpftirade »die Leute ordentlich aufgerüttelt« hat, aber ihre Furcht lässt sie vorsichtig werden. Teammitglieder müssen auch einmal Risiken eingehen, um Bestleistungen zu bringen, sie müssen über ihre Komfortzone hinausgehen und dabei sogar Fehler machen dürfen. Niemand im Team möchte aber das nächste »Opfer« des Managers sein, daher spielen alle auf Sicherheit und tun nur, was man ihnen aufträgt. Wenn der Manager ein Jahr später kritisiert wird, weil er ein Team leitet, dem es an Initiative mangelt, wundert er sich, was mit *dem Team* nicht stimmt.

Ihre Emotionen sind wirksame Waffen, und Sie werden sich selbst einen Bärendienst erweisen, wenn Sie weiterhin denken, Ihre Gefühle hätten nur momentane und geringfügige Auswirkungen. Um die sich ausbreitenden Wellen Ihrer Emotionen zu erkennen, ist es naheliegend, genau zu beobachten, wie Ihre Gefühle andere Leute unmittelbar beeinflussen. Anschließend nutzen Sie diese Information als Orientierungshilfe, um zu beobachten, wie Ihre Emotionen, lange nachdem Sie sie freigesetzt haben, immer größere Kreise ziehen. Diesen Effekt einer wellenartigen Ausbreitung Ihrer Emotionen können Sie nur umfassend verstehen, wenn Sie Zeit dafür aufbringen, über Ihr Verhalten nachzudenken. Sie werden auch andere Leute fragen müssen, wie sie sich durch Ihre Emotionen beeinflusst fühlen. Je besser Sie verstehen, wie sich Ihre Emotionen auswirken, desto besser werden Sie dafür gerüstet sein, die Art von Auswirkung zu wählen, die Sie sich wünschen.

3. Stellen Sie sich Ihrem Unbehagen

Das größte Hindernis für die Verbesserung Ihrer Selbstwahrnehmung ist, das Unbehagen zu meiden, das sich ergibt, wenn Sie sich selbst so sehen, wie Sie wirklich sind. Dinge, über die Sie nicht nachdenken, haben Sie aus gutem Grund nicht auf Ihrem Schirm: Ihr Auftauchen kann quälend sein. Diesem Schmerz aus dem Weg zu gehen bringt Probleme mit sich, weil es nur eine kurzfristige Lösung ist. Sie werden nie erfolgreich mit sich zurechtkommen, wenn Sie ignorieren, was Sie ändern müssen.

Ihr Ziel sollte nicht sein, ein Gefühl zu vermeiden, sondern Sie sollten sich dieser Emotion zuwenden, sie aushalten und schließlich hinter sich lassen. Dies gilt auch für ein leichtes emotionales Unbehagen wie Langeweile, Verwirrung oder eine Vorahnung. Wenn Sie eine Emotion ignorieren oder bagatellisieren, egal, wie klein oder unbedeutend sie sein mag, entgeht Ihnen die Gelegenheit, mit diesem Gefühl produktiv umzugehen. Schlimmer noch, ignorierte Gefühle verschwinden nicht, sie können wieder auftauchen, wenn Sie es am wenigsten erwarten.

Ihr Ziel sollte nicht sein, ein Gefühl zu vermeiden, sondern Sie sollten sich dieser Emotion zuwenden, sie aushalten und schließlich hinter sich lassen.

Um im Leben erfolgreich zu sein, müssen wir unsere eigene Überheblichkeit entdecken – konkret heißt das, Dinge zur Kenntnis zu nehmen, um die wir uns nicht bemühen und die wir als unwichtig abtun. Die eine denkt, Entschuldigungen seien etwas für Weicheier, und erkennt dadurch nie, wann eine Entschuldigung angebracht ist. Ein anderer hasst es, sich niedergeschlagen zu fühlen, sucht daher ständig Zerstreuung durch sinnlose Aktivitäten und fühlt sich nie wirklich zufrieden. Beide müssen den Schritt wagen, sich ihren Gefühlen zu stellen, damit sich etwas verändern kann. Andernfalls werden sie auf ihrem unproduktiven, unbefriedigenden Weg weitergehen und ständig dieselben Muster wiederholen.

Wenn Sie sich Ihrem Unbehagen erst einmal bei einigen Gelegenheiten gestellt haben, werden Sie schnell erkennen, dass dieses Unbehagen gar nicht so schlimm ist, dass es Sie nicht zugrunde richtet und Ihnen sogar eine Belohnung einbringt. Das Überraschende an der Verbesserung Ihrer Selbstwahrnehmung ist, dass alleine schon das Nachdenken hilft, sich zu verändern, auch wenn anfangs der Fokus zum Großteil auf Dingen liegen wird, die Sie »falsch« machen. Haben Sie keine Angst vor Ihren emotionalen »Fehlern«. Sie sind Ausdruck dafür, was Sie anders machen sollten, und liefern den ständigen Informationsfluss, den Sie brauchen, um sich selbst zu verstehen.

4. Spüren Sie Ihre Emotionen körperlich

Wenn Sie eine Emotion erleben, laufen elektrische Signale durch Ihr Gehirn und lösen körperliche Empfindungen aus. Diese körperlichen Empfindungen können eine Anspannung der Bauchmuskeln sein, eine höhere Herzfrequenz, eine beschleunigte Atmung oder ein trockener Mund. Da Körper und Geist so eng miteinander verbunden sind, ist eine der wirksamsten Möglichkeiten für das Verständnis auftretender Emotionen, die körperlichen Veränderungen zu erkennen, von denen diese Emotionen begleitet werden.

Um die körperlichen Auswirkungen Ihrer Emotionen besser zu verstehen, nehmen Sie sich einmal etwas Zeit und schließen Sie die Augen. Spüren Sie, wie schnell oder langsam Ihr Herz schlägt. Achten Sie auf das Tempo Ihres Atems. Bestimmen Sie, wie angespannt oder entspannt die Muskeln in Ihren Armen, Beinen, Nacken und Rücken sind. Denken Sie anschließend an zwei Ereignisse in Ihrem Leben – ein positives und ein negatives –, die jeweils starke Emotionen hervorgerufen haben. Spielen Sie jedes dieser Ereignisse in Gedanken detailgenau nach, sodass Ihre Emotionen geweckt werden. Verändert sich dadurch Ihre Atmung oder Ihre Herzfrequenz? Werden Ihre Muskeln angespannter? Wird Ihnen wärmer oder kälter? Wiederholen Sie dies mit dem anderen Ereignis und achten Sie auf die körperlichen Unterschiede, die durch die Emotionen positiver oder negativer Erfahrungen ausgelöst werden.

Die Augen zu schließen und an emotional aufwühlende Ereignisse zu denken ist ein Training für die echte Situation – das Erkennen körperlicher Anzeichen, hervorgerufen durch aktuelle Emotionen. Versuchen Sie, anfangs nicht zu sehr darüber nachzudenken – seien Sie einfach offen für die Wahrnehmung der Empfindungen. Sobald Sie darin geübter sind, werden Sie feststellen, dass Sie eine Emotion häufig bereits körperlich wahrnehmen, lange bevor Sie Ihnen mental bewusst wird.

5. Erkennen Sie, wer und was bei Ihnen als Auslöser wirkt

Wir alle haben so unsere Knöpfe – Lieblingsärgernisse, Auslöser, wie auch immer Sie es nennen möchten –, die uns so reizen und ärgern, bis wir losbrüllen möchten. Vielleicht haben Sie eine Kollegin, die sich benimmt, als befände sie sich ständig auf der Bühne. Ihr Auftritt bei Meetings ist theatralisch und auffallend, sie zieht alle Aufmerksamkeit auf sich und nutzt diese Energie, um die Kontrolle über den Raum zu übernehmen. Ihre Stimme ist lauter als die der meisten anderen, und ihre Beiträge zu den Meetings sind immer langatmige Romane, als hörte sie sich gerne selber sprechen.

Haben Sie selbst eine dezentere Vorgehensweise (oder hätten eigentlich einen Teil der Bühne gerne für sich), kann eine solche Person wirklich an Ihren Nerven zerren. Angenommen, Sie gehen mit guten Ideen in ein Meeting und sind bereit, sich hinzusetzen und sofort auf den Punkt zu kommen, dann ist eine melodramatische Person, die sich im Sitzungszimmer eine Bühne verschafft, prädestiniert, bei Ihnen den Schalter für Frustration und Wut zu betätigen. Selbst wenn Sie nicht der Typ für impulsive Kommentare oder sonstige verbale Attacken sind, kann Ihre Körpersprache Sie verraten. Möglicherweise stellen Sie auf der Heimfahrt fest, dass Sie von unterschwelliger Frustration gequält werden.

Zu wissen, wer einen in Rage bringen kann und auf welche Weise, ist von besonderer Bedeutung für die Entwicklung der Fähigkeit, solche Situationen unter Kontrolle zu halten, Haltung zu bewahren und sich selbst zu beruhigen. Bei dieser Strategie nützt es nichts, allgemein über die Dinge nachzudenken. Sie müssen die spezifischen Menschen und Situationen erkennen, die Ihre Emotionen auslösen. Ihre Knöpfe sind sozusagen vorprogrammiert, von einer Vielzahl an Menschen und Dingen bedient zu werden. Das können bestimmte Leute, besondere Situationen (wie Gefühle der Einschüchterung oder Überrumpelung) oder

Rahmenbedingungen sein (z.B. laute Büros). Sobald Sie wissen, wer und was bei Ihnen als Auslöser wirkt, werden diese Menschen und Situationen etwas einfacher, weil sie ihren Überraschungseffekt verlieren.

Sie können Ihre Selbstwahrnehmung ein gutes Stück voranbringen, wenn Sie die Quelle für Ihre Auslöser erkennen, Ihnen also klar wird, warum diese Leute und Situationen Sie so sehr ärgern, während andere nervige Personen und Situationen Ihnen völlig gleichgültig sind. Die »Rampensau« erinnert Sie vielleicht an Ihre Schwester, die immer alle Aufmerksamkeit bekam, als Sie jung waren. Sie lebten viele Jahre in ihrem Schatten und schworen sich, so etwas nie wieder zuzulassen. Nun sitzen Sie in jedem Meeting neben ihrem Ebenbild. Kein Wunder, dass diese Frau bei Ihnen Emotionen auslöst.

Das Wissen über die Hintergründe Ihrer Reaktionen öffnet Ihnen Türen, um besser mit diesen Auslösern zurechtzukommen. Vorerst ist Ihre Aufgabe einfach – finden Sie die Gründe für Ihre Auslöser heraus und erstellen Sie eine Liste. Für die Anwendung der Strategien zum Selbstmanagement und Beziehungsmanagement ist es wichtig, dass Sie Ihre Auslöser kennen.

6. Beobachten Sie sich so scharfsichtig wie ein Falke

Falken haben den eindeutigen Vorteil, sich hoch über den Boden erheben zu können, hinunter auf die Erde zu schauen und alles zu sehen, was unter ihnen geschieht. Die Lebewesen am Boden gehen mit engem Tunnelblick durchs Leben und merken nicht einmal, dass der Falke über ihnen ist und jede ihrer Bewegungen vorhersieht. Wäre es nicht großartig, der Falke zu sein und in schwierigen Situationen, die einen zu überwältigen drohen, auf sich selbst herabschauen zu können? Ihre Objektivität würde es Ihnen ermöglichen, sich der Kontrolle Ihrer Emotionen zu entziehen und genau zu wissen, was Sie zu tun hätten, um ein positives Ergebnis zu erzielen.

Auch ohne ein Falke zu sein ist es möglich, dass Sie ein objektiveres Verständnis Ihres eigenen Verhaltens entwickeln. Sie können das üben, indem Sie sofort in jeder Situation auf Ihre Emotionen, Gedanken und Ihr Verhalten achten. Das Ziel ist im Wesentlichen, dass Sie sich selbst bremsen und alles aufnehmen, was geschieht, sodass Ihr Gehirn die Möglichkeit hat, alle verfügbaren Informationen zu verarbeiten, bevor Sie handeln.

Schauen Sie sich folgendes Beispiel an. Angenommen, Sie haben einen Sohn im Teenageralter, der die vereinbarte Ausgehzeit für Freitagabend seit über zwei Stunden überzogen hat. Sie sitzen im Dunkeln auf einem Stuhl im Wohnzimmer und warten darauf, dass er zur Tür hereinspaziert und wieder einmal eine kreative Erklärung dafür vorlegt, warum er zu spät kommt und nicht an sein Handy gegangen ist. Je länger Sie dort sitzen und über den Mangel an Respekt Ihres Sohns für Ihre Autorität und den verpassten Schlaf nachdenken, desto mehr kommt Ihr Blut in Wallung. Es dauert nicht lange, und Sie haben den eigentlichen Grund für Ihre Unzufriedenheit vergessen – Ihre Sorge um seine Sicherheit. Natürlich möchten Sie, dass er die Regeln einhält, aber was Sie vor allem wach hält, ist der Gedanke, dass er sorglos draußen unterwegs ist.

Sich in dieser Situation aus der Vogelperspektive zu beobachten bedeutet, einen Vorteil aus dieser Ruhe vor dem Sturm zu ziehen. Sie wissen, dass Ihr Zorn in dem Moment an die Oberfläche drängen wird, wenn fadenscheinige Entschuldigungen aus seinem Mund purzeln. Sie wissen auch, dass die Wahrscheinlichkeit, dass er Ihre Regeln befolgt, größer ist, wenn Sie ihm Ihre Sorge verständlich machen können. In diesem Augenblick müssen Sie berücksichtigen, wie sich die Situation von oben betrachtet darstellt. Sie stellen fest, dass Ihr Grübeln Ihren Zorn nur weiter schürt. Sie besinnen sich darauf, dass er im Grunde ein guter Junge ist, der sich nur neuerdings wie ein typischer Teenager verhält. Sie wissen, dass Ihr Zorn nicht dazu führen wird, dass er sich ändert, denn bisher hat das auch nicht funktioniert. Nun haben Sie den größeren Zusammenhang klarer vor Augen und beschließen, ihm eine genaue Begründung für seine Strafe zu liefern und zu erklären, warum Sie so verärgert sind. Kommt er dann schließlich ins Haus geschlichen und stößt in der Dunkelheit die Lampe vom Beistelltisch, sind Sie dankbar, nun das Gesamtbild sehen zu können und nicht nur das, was Sie unmittelbar vor Augen haben.

7. Führen Sie Tagebuch über Ihre Emotionen

Die größte Herausforderung bei der Entwicklung der Selbstwahrnehmung ist Objektivität. Es ist schwierig, bei den eigenen Emotionen und Verhaltensweisen den Durchblick zu gewinnen, wenn sich jeder Tag wie ein Berg vor einem auftürmt. Wenn Sie Tagebuch führen, können Sie aufschreiben, welche Ereignisse starke Emotionen in Ihnen ausgelöst haben und wie Sie darauf reagiert haben.

Sie sollten über Ihre Zeit zu Hause und bei der Arbeit schreiben – nichts ist tabu. Bereits nach einem Monat werden Sie allmählich Muster bei Ihren Emotionen erkennen und ein besseres Verständnis für Ihre Verhaltensweisen entwickeln. Sie werden eine bessere Vorstellung davon bekommen, welche Emotionen Sie fertigmachen, welche Sie aufrichten und welche für Sie am schwierigsten auszuhalten sind. Achten Sie genau auf Menschen und Situationen, die bei Ihnen als Auslöser wirken und starke Emotionen hervorrufen. Beschreiben Sie die Emotionen, die Sie jeden Tag empfinden, und vergessen Sie nicht, auch die körperlichen Empfindungen zu notieren, die diese Emotionen begleiten.

Die größte Herausforderung bei der Entwicklung von Selbstwahrnehmung ist die Objektivität.

Abgesehen davon, dass es Ihnen hilft, sich selbst klarer zu sehen, wird es für Sie durch das Aufschreiben Ihrer Emotionen einfacher, sich an Ihre Verhaltensweisen zu erinnern. So dient das Tagebuch mit zunehmender Selbstwahrnehmung als wichtige Bezugsgröße.

8. Lassen Sie sich von schlechter Stimmung nicht täuschen

Wir alle erliegen ihnen hin und wieder: niedergeschlagene Phasen, in denen nichts zu klappen scheint. Die Empfindungen in einer solchen Stimmungslage hüllen jeden Gedanken, jedes Gefühl und jedes Erlebnis in eine dunkle Wolke. Das Verzwickte an Ihrem Gehirn ist, dass Sie unter dem Einfluss dieser schlechten Stimmung den Blick für die guten Dinge in Ihrem Leben verlieren. Plötzlich hassen Sie Ihren Job, sind wegen der Familie oder Freunden frustriert, unzufrieden mit dem, was Sie erreicht haben, und Ihr Optimismus bezüglich der Zukunft ist auf und davon. Tief im Inneren ist Ihnen klar, dass alles schlimmer wirkt, als es ist, aber davon möchte Ihr Gehirn nichts wissen.

Bei der Selbstwahrnehmung möchten Sie wissen, was Sie durchmachen, auch wenn Sie es nicht komplett ändern können. Gestehen Sie sich ein, dass Ihre schlechte Stimmung wie ein Damoklesschwert über Ihnen hängt, und sagen Sie sich gleichzeitig, dass Stimmungen nicht ewig anhalten. Ihre Emotionen verändern sich ständig, und eine schlechte Stimmung geht vorüber, wenn Sie es zulassen.

Wenn Sie schlecht drauf sind, ist das kein guter Zeitpunkt für wichtige Entscheidungen. Sie sollten sich Ihrer Stimmung bewusst sein und diese verstehen, um sich von ihr nicht zu Fehlern verleiten zu lassen, die Sie dann nur noch weiter herunterziehen. Viel sinnvoller ist das Nachdenken über Ereignisse, die für Ihre schlechte Stimmung gesorgt haben. Sobald Sie die Gründe für Ihre schlechte Stimmung herausgefunden haben, wird es Ihnen besser gehen.

9. Lassen Sie sich auch von guter Stimmung nicht täuschen

Nicht nur schlechte Stimmungen und negative Emotionen können Probleme verursachen. Eine gute Stimmung kann Ihr Denken ebenso beeinflussem wie eine schlechte Stimmung. Im Überschwang der Begeisterung oder des Glücks geschieht es leicht, dass Sie etwas tun, was Sie später bedauern.

Stellen Sie sich ein bekanntes Szenario vor: Ihr Lieblingsgeschäft veranstaltet seinen jährlichen Sonderverkauf mit Preisnachlässen bis 75 Prozent. Sie eilen an diesem Tag in den Laden und kaufen am Ende alle möglichen Dinge, die Sie schon immer gerne haben wollten, sich aber eigentlich nicht leisten können (zumindest nicht alle gleichzeitig). Der Rausch und das Hochgefühl dieser Käufe beflügeln Sie die Woche über, wenn Sie Ihren Freunden und der Familie Ihre Errungenschaften zeigen und über das fabelhafte Geschäft berichten, das Sie damit gemacht haben. Wenn dann Ende des Monats die Abrechnung der Kreditkarte ins Haus flattert, sieht das plötzlich völlig anders aus.

Törichte Ausgaben sind nicht der einzige Fehler, den Sie während einer Hochstimmung machen können. Die Begeisterung und Energie, die Sie während Ihrer guten Stimmung genießen, lassen Sie alles durch eine rosarote Brille sehen. Dadurch steigt die Wahrscheinlichkeit, impulsive Entscheidungen zu treffen, ohne die möglichen Folgen zu bedenken. Machen Sie sich Ihre gute Stimmung und die Tatsache bewusst, dass diese zu unguten Entscheidungen verleiten kann. Erst dann können Sie das Hochgefühl ohne Reue genießen.

10. Halten Sie inne und fragen Sie sich, warum Sie sich so verhalten, wie Sie es tun

Emotionen kommen, wann es ihnen passt, und richten sich nicht nach Ihren Wünschen. Ihre Selbstwahrnehmung wird sich deutlich verbessern, wenn Sie anfangen, die Quelle Ihrer Gefühle aufzuspüren. Gewöhnen Sie sich an, innezuhalten und sich zu fragen, warum Gefühle überraschend aufgetaucht sind und was Ihre Motivation war, etwas Untypisches zu tun. Emotionen dienen einem wichtigen Zweck – sie geben Ihnen Hinweise über Dinge, die Sie ohne diese Fragen nach dem Warum niemals verstehen würden.

Meist ist es tatsächlich so einfach, aber wenn Sie sich selbst überlassen sind, bleibt in der Regel wenig Zeit, um darüber nachzudenken, warum Sie sich auf eine bestimmte Weise verhalten. Mit etwas Übung können Sie Ihre emotionalen Reaktionen zu ihrem Ursprung zurückverfolgen und den Zweck Ihrer Gefühle verstehen. Das Überraschende an dieser Strategie ist, dass es für eine Verbesserung bereits ausreicht, auf die Emotionen zu achten und sich folgende Fragen zu stellen: *Können Sie sich erinnern, wann und bei wem Sie das erste Mal so reagiert haben? Gibt es Ähnlichkeiten zwischen damals und jetzt? Kann jeder diese Reaktion bei Ihnen hervorrufen oder nur bestimmte Menschen?* Je besser Sie verstehen, warum Sie sich wie verhalten, desto besser sind Sie darauf vorbereitet, Ihre Emotionen daran zu hindern, die Führung zu übernehmen.

11. Schauen Sie sich Ihre Werte an

Die Jonglierteller des Lebens drehen sich ständig über Ihnen. So jonglieren Sie mit Arbeitsprojekten, Meetings, Rechnungen, Besorgungen, E-Mails, Anrufen, SMS, Hausarbeit, Kochen, Zeit mit Freunden und der Familie – und die Liste geht noch weiter. Es verlangt sehr viel Aufmerksamkeit und Konzentration, die Teller nicht fallen zu lassem.

Dieser Balanceakt fokussiert Ihre Aufmerksamkeit nach außen, weniger nach innen auf Sie selbst. Wenn Sie herumrennen und damit kämpfen, Ihre tägliche To-do-Liste abzuarbeiten, verlieren Sie leicht den Blick für das, was wirklich wichtig für Sie ist – Ihre inneren Werte und Überzeugungen. Schneller als Sie denken, machen und sagen Sie Dinge, die Sie tief in Ihrem Inneren gar nicht gut finden oder an die Sie nicht glauben. Das könnte beispielsweise so aussehen, dass Sie einen Kollegen anschreien, der einen Fehler gemacht hat, während Sie eine derartige Redaktion normalerweise inakzeptabel finden. Wenn es Ihren Vorstellungen widerspricht, Kollegen anzuschreien, und Sie sich dabei ertappen (oder ertappt werden), ist es vorprogrammiert, dass Sie sich unwohl oder sogar unerfüllt fühlen.

Hier lautet der Rat, dass Sie sich die Zeit nehmen, in sich zu gehen und Ihre Kernüberzeugungen und Kernwerte zu notieren. Fragen Sie sich: *Nach welchen Wertvorstellungen möchte ich mein Leben leben?* Nehmen Sie ein Blatt Papier und unterteilen Sie es in zwei Spalten. Tragen Sie Ihre Kernwerte und Kernüberzeugungen in die linke Spalte ein. Alles, was Sie in letzter Zeit getan oder gesagt haben und worauf Sie gar nicht stolz sind, kommt in die rechte Spalte. Jetzt überprüfen Sie, ob das, was Sie wertschätzen, mit Ihrem Verhalten übereinstimmt. Falls dies nicht der Fall ist, überlegen Sie sich Alternativen zu dem, was Sie gesagt oder getan haben, mit denen Sie sich gut oder zumindest wohler fühlen würden.

Wenn Sie diese Übung täglich, wöchentlich oder monatlich wiederholen, werden Sie sich ein großes Stück in Richtung Selbstwahrnehmung weiterentwickeln. Es wird nicht lange dauern, dann werden Sie an diese Aufstellung denken, bevor Sie handeln, und so den Weg zu Entscheidungen frei machen, mit denen Sie leben können.

12. Prüfen Sie sich selbst

Selbstwahrnehmung ist normalerweise ein innerer Prozess, es gibt jedoch ein paar Gelegenheiten, bei denen die Außenwelt die nötigen Hinweise liefert, damit Sie verstehen, was in Ihrem Inneren vorgeht. Ihr Befinden spiegelt sich ohne Frage in Ihrem Aussehen: Gesichtsausdruck, Haltung, Auftreten, Kleidung, Haare sagen Wichtiges über Ihre Stimmung aus.

Das äußere Erscheinungsbild ist eindeutig – wie Sie sich kleiden, sendet eine recht eindeutige Botschaft über Ihr Befinden. Tragen Sie beispielsweise immer eine alte Trainingshose, schäbige T-Shirts und haben ungepflegtes Haar, sagt dies der Welt, dass Sie sich aufgegeben haben. Wenn Sie bei jeder Gelegenheit overdressed sind und den wöchentlichen Haarschnitt nie versäumen, übertreiben Sie es. Ihr Auftreten sagt eine Menge über Ihre Stimmung aus, diese Botschaft wird jedoch häufig verzerrt. Wenn Sie jemandem das erste Mal begegnen und eher unsicher sind, wie man Sie aufnehmen wird, neigen Sie möglicherweise dazu, reserviert und distanziert zu sein, oder Sie sind extrem aufgedreht.

Kommen Sie in solche Situationen, ist es wichtig, dass Sie Ihre Stimmung wahrnehmen und bedenken, wie diese Ihr Auftreten beeinflusst. Ist das Bild, das Sie der Welt bieten, ein von Ihnen gewähltes und von Ihrer Stimmung erzeugtes Bild oder eines, auf das Sie standardmäßig zurückgreifen? Nehmen Sie sich ab und zu Zeit für eine Selbstprüfung, dann werden Sie Ihre Stimmung verstehen lernen, *bevor* diese für den Rest des Tages den Ton angibt.

13. Erkennen Sie Ihre Emotionen in Büchern, Filmen und Musik wieder

Sollte Ihnen der Blick nach innen schwerfallen, um Ihre emotionalen Muster und Neigungen zu erkennen, können Sie dieselbe Information auch entdecken, indem Sie nach außen blicken: auf die Filme, die Musik und die Bücher, mit denen Sie sich identifizieren. Lösen Texte oder Stimmungen eines Songs in Ihnen Emotionen aus, sagt dies eine Menge darüber aus, wie Sie sich fühlen. Wenn Ihnen eine Figur aus einem Film oder einem Buch nicht aus dem Kopf geht, passiert das, weil wichtige Aspekte der Gedanken oder Gefühle dieser Figur Ihren eigenen entsprechen. Es kann Ihnen viel über Sie selbst sagen, wenn Sie in solchen Momenten genauer hinsehen. Sie verfügen damit vielleicht über ein gutes Hilfsmittel, um anderen Menschen Ihre Gefühle zu erklären.

Fühlen Sie sich von den Emotionen eines Künstlers angesprochen, können Sie etwas über sich selbst lernen und Gefühle entdecken, die oft schwer zu kommunizieren sind. Manchmal finden Sie einfach nicht die Worte, um Ihre Gefühle auszudrücken, bis Sie sie dann vor sich sehen. Das Hören von Musik, Lesen von Romanen, Anschauen von Filmen und auch das Betrachten von Kunst kann das Tor zu Ihren tiefsten Gefühlen werden. Schauen Sie das nächste Mal genauer hin, wenn eines dieser Medien Ihre Aufmerksamkeit fesselt – wer weiß, was Sie dabei in sich entdecken werden.

14. Suchen Sie Feedback

Alles, was Sie sehen – sich selbst eingeschlossen –, muss durch Ihre eigene Linse wandern. Das Problem ist, dass Ihre Linse durch Ihre Erfahrungen, Vorstellungen und Ihre Stimmungen eingefärbt wird, was verhindert, dass Sie jemals einen wirklich objektiven Blick auf sich selbst haben. Es besteht häufig ein gewaltiger Unterschied zwischen Ihrer eigenen Sicht auf sich selbst und der Sicht anderer auf Sie. Diese Kluft zwischen der eigenen Wahrnehmung und der Wahrnehmung anderer liefert reichlich Stoff, um Ihre Selbstwahrnehmung aufzubauen.

Selbstwahrnehmung bedeutet, sich selbst in- und auswendig kennenzulernen. Die einzige Möglichkeit, die schwerer fassbare Sichtweise von außen zu erhalten, ist, sich für das Feedback von anderen Menschen zu öffnen; das können Freunde, Kollegen, Mentoren, Vorgesetzte und die Familie sein. Sprechen Sie spezifische Beispiele und Situationen an, wenn Sie um Feedback bitten. Achten Sie beim Sammeln der Antworten auf Ähnlichkeiten. Die Sichtweise anderer kann Ihnen wirklich die Augen öffnen, denn sie zeigt Ihnen, wie andere Menschen Sie erleben. Fügen Sie diese Sichtweisen zusammen, erhalten Sie ein Gesamtbild, zu dem auch gehört, wie Ihre Emotionen und Reaktionen andere Menschen beeinflussen. Wenn Sie den Mut aufbringen, einen Blick auf das zu werfen, was andere sehen, können Sie eine Stufe der Selbstwahrnehmung erreichen, die nur wenige erlangen.

Selbstwahrnehmung bedeutet, sich selbst in- und auswendig kennenzulernen.

15. Lernen Sie sich unter Stress kennen

Der Berg an Stressfaktoren in Ihrem Leben wächst ständig an. Jedes Mal, wenn Ihre Stresstoleranz ansteigt, hören Sie nicht auf, sondern nehmen noch mehr auf sich. Da helfen auch alle Hightech-Spielereien nichts, die Ihnen zur Verfügung stehen. Wenn überhaupt, scheinen diese Ihr Leben sogar noch weiter zu beschleunigen. Wenn es Ihnen geht wie den meisten Menschen, erkennen Sie einige Warnhinweise, sobald sich Stress anbahnt. Die Frage ist nur: Beherzigen Sie diese Warnung?

Sie werden enorm davon profitieren, wenn Sie lernen, die ersten Anzeichen von Stress zu erkennen. Körper und Geist des Menschen haben – zumindest wenn es um Stress geht – ihre jeweils eigenen Stimmen. Sie sagen Ihnen durch emotionale und physiologische Reaktionen, wann es an der Zeit ist, das Tempo rauszunehmen und eine Pause zu machen. So kann beispielsweise ein gereizter Magen das Zeichen für Nervosität und innere Unruhe sein, die den Körper überfordern. Mit einer nachfolgenden Magenverstimmung und Erschöpfung findet Ihr Körper einen Weg, sich etwas Ruhezeit zu nehmen. Bei Ihnen verursachen starker Stress und innere Unruhe vielleicht eine Magenverstimmung, während die körperlichen Anzeichen bei anderen Menschen pochende Kopfschmerzen oder Rückenprobleme sein können. In Stresszeiten sollte Ihnen Ihre Selbstwahrnehmung als »drittes Ohr« dienen, das auf die Hilferufe Ihres Körpers hört. Ihr Körper spricht Bände, wenn Sie ihn zu sehr überfordern. Nehmen Sie sich die Zeit, diese Signale zu erkennen, und laden Sie Ihre emotionale Batterie auf, bevor der Stress Ihren Organismus dauerhaft schädigt.

6

STRATEGIEN FÜR DIE ENTWICKLUNG DES SELBSTMANAGEMENTS

Selbstmanagement ist die Fähigkeit, das Bewusstsein für die eigenen Emotionen aktiv zu nutzen, um selbst zu wählen, was man sagt oder tut. Oberflächlich mag es so scheinen, als ginge es beim Selbstmanagement einfach nur darum, einmal tief durchzuatmen und sich selbst unter Kontrolle zu halten, wenn starke Emotionen auftauchen. Es ist allerdings nicht nur die Selbstkontrolle, die eine große Rolle spielt, wenn es darum geht, eine bevorstehende Explosion Ihrer Emotionen zu verhindern. Ihre Ausbrüche gleichen denen eines Vulkans – bevor die Lava fließt, rumpelt es unter der Oberfläche gewaltig.

Im Gegensatz zu einem Vulkan können Sie jeden Tag auf subtile Weise beeinflussen, was unter der Oberfläche geschieht. Sie müssen nur lernen, das Rumpeln wahrzunehmen und darauf zu reagieren. Selbstmanagement baut auf einer grundlegenden Fähigkeit auf – der Selbstwahrnehmung. Für ein erfolgreiches Selbstmanagement ist eine erweiterte Selbstwahrnehmung erforderlich, weil Sie nur dann aktiv wählen können, wie Sie auf eine Emotion reagieren wollen, wenn Sie sich dieser Emotion bewusst sind. Da wir darauf programmiert sind, Emotionen zu erleben, bevor wir auf sie reagieren können, bringt die wirksame Kombination aus erfolgreichem Lesen der Emotionen und anschließender Reaktion die besten Selbstmanager hervor. Ein hohes Maß an Selbstmanagement sorgt dafür, dass Sie sich nicht selbst im Weg stehen und dabei Dinge tun, die Ihren Erfolg begrenzen. Es sorgt zudem dafür, dass Sie andere Leute nicht so weit frustrieren, dass diese es Ihnen übel nehmen oder Sie ablehnen. Sofern Sie Ihre eigenen Emotionen verstehen und Ihre Reaktion darauf wählen können, haben Sie die Fähigkeit, schwierige Situationen zu kontrollieren, auf Veränderung rasch zu reagieren und die Initiative zu ergreifen, die für das Erreichen Ihrer Ziele erforderlich ist.

Entwickeln Sie die Fähigkeit, sich selbst einzuschätzen und die Zügel in die Hand zu nehmen, bevor Sie die falsche Richtung einschlagen. So bleiben Sie flexibel und wählen selber, wie Sie auf verschiedene Situationen reagieren wollen. Wenn Sie nicht innehalten, um über Ihre Gefühle nachzudenken – und auch darüber, wie diese Gefühle Ihr Verhalten aktuell beeinflussen und dies auch in der Zukunft tun werden –, machen Sie sich immer wieder zum Opfer emotionaler Selbstvereinnahmung. Ob Sie sich dessen bewusst sind oder nicht: Ihre Emotionen werden Sie kontrollieren, und Sie werden sich durch Ihren Tag bewegen und auf Ihre Gefühle reagieren, ohne groß Einfluss darauf nehmen zu können, was Sie sagen und tun.

Dieses Kapitel stellt Ihnen 17 spezifische Strategien vor, die Ihnen helfen werden, Ihre Emotionen zu Ihrem Vorteil zu managen. Jede einfache Strategie zielt auf ein wichtiges Element des Selbstmanagements ab. Diese sorgfältig ausgearbeitete Sammlung wurde über viele Jahre in Tests bei Menschen geprüft und liefert bewährte Methoden zur Verbesserung des Selbstmanagements.

Wenn Sie jede dieser Strategien meistern und sie in Ihre tägliche Routine einbauen, werden Sie die Fähigkeit entwickeln, souverän mit Ihren Emotionen umzugehen. Natürlich wird es, selbst wenn Sie das Management Ihrer Emotionen sehr gut beherrschen, immer wieder Situationen geben, in denen jemand eine heftige Reaktion bei Ihnen auslöst. Ihr Leben wird sich nicht in ein Märchen ohne jegliche Hindernisse verwandeln, aber Sie werden die Fähigkeiten erworben haben, um das Steuer selbst in die Hand zu nehmen.

STRATEGIEN FÜR DIE ENTWICKLUNG DES SELBSTMANAGEMENTS

1. Atmen Sie richtig.
2. Stellen Sie in einer zweispaltigen Liste Emotionen und Vernunft einander gegenüber.
3. Machen Sie Ihre Ziele öffentlich.
4. Bis zehn zählen.
5. Einmal drüber schlafen.
6. Sprechen Sie mit einem begabten Selbstmanager.
7. Lächeln und lachen Sie öfter.
8. Reservieren Sie täglich etwas Zeit für Problemlösungen.
9. Kontrollieren Sie Ihre Selbstgespräche.
10. Visualisieren Sie Ihren Erfolg.
11. Verbessern Sie Ihre Schlafhygiene.
12. Richten Sie Ihre Aufmerksamkeit mehr auf Ihre Freiheiten als auf Ihre Grenzen.
13. Bewahren Sie Ihre Synchronizität.
14. Sprechen Sie mit jemandem, der emotional nicht in Ihr Problem involviert ist.
15. Lernen Sie von jedem, mit dem Sie zu tun haben, eine wertvolle Lektion.
16. Bauen Sie in Ihren Terminplan das Wiederaufladen Ihrer mentalen Batterien mit ein.
17. Akzeptieren Sie, dass immer wieder Veränderungen anstehen.

1. Atmen Sie richtig

Wenn Sie wie die meisten Leute agieren, atmen Sie den ganzen Tag über kurz und flach, wobei Ihr Zwerchfell sich nicht komplett zusammenzieht, um Ihre Lungen mit Sauerstoff zu füllen – ohne dass Sie das merken. Warum ist das so? Es ist nicht so, dass Sie unter einem Sauerstoffmangel leiden ... das zumindest glauben Sie. Ihre Lungen sind dafür gemacht, Ihrem Körper *genau* die Luftmenge zu liefern, die er braucht, damit *alle* Organe gut funktionieren. Bei einer flachen Atmung – das ist jeder Atemzug, der Ihre Magengegend durch die einströmende Luft nicht vortreten lässt – geben Sie Ihrem Körper nicht die vollständige Sauerstoffmenge, die er braucht.

Ihr Gehirn verlangt ganze 20 Prozent der Sauerstoffmenge, die Ihrem Körper zugeführt wird. Diese Menge braucht es, um Grundfunktionen wie Atmung und Sehvermögen sowie komplexere Funktionen wie das Denken und den Umgang mit Ihren Stimmungen zu kontrollieren. Ihr Gehirn wendet den Sauerstoff zuerst für die Grundfunktionen auf, weil diese Sie am Leben halten. Was dann noch an Sauerstoff übrig bleibt, wird für die komplexen Funktionen verwendet, die Sie aufmerksam, konzentriert und ruhig machen. Durch flaches Atmen wird Ihrem Gehirn Sauerstoff vorenthalten, was zu schlechter Konzentration, Vergesslichkeit, Stimmungsschwankungen, Unruhe, depressiven und ängstlichen Gedanken und einem Mangel an Energie führen kann. Zusammenfassend lässt sich sagen, dass flaches Atmen Ihr Selbstmanagement behindert.

Das nächste Mal, wenn Sie sich in einer stressigen oder emotionalen Situation befinden, konzentrieren Sie sich darauf, langsam und tief zu atmen. Sie atmen dabei durch die Nase ein, bis Sie spüren, wie sich Ihre Magengegend vorwölbt und fest wird. Anschließend atmen Sie langsam und vollständig durch den Mund aus. Beim Ausatmen gehen Sie noch weiter und stoßen Ihren Atem aus, bis Sie Ihre Lungen vollständig entleert haben. Wenn Sie wissen wollen, ob Sie richtig atmen, legen Sie eine Hand auf Ihr Brustbein (den langen, flachen Knochen in der Brustmitte) und die andere Hand auf Ihre Magengegend. Bewegt sich beim Ausatmen die Hand auf Ihrem Bauch mehr als die Hand auf dem Brustbein, wissen Sie, dass Sie genügend Sauerstoff erhalten und Ihre Lungen vollständig füllen. Durch Üben der richtigen Atemtechnik wird diese so angenehm, dass Sie sie auch in Anwesenheit anderer Leute ausüben können, ohne dass diese es bemerken. Das kann mitunter praktisch sein, wenn Sie sich mitten in einem schwierigen Gespräch befinden.

Wenn Sie Ihrem Gehirn reichlich Sauerstoff zuführen, werden Sie den Effekt unmittelbar spüren. Viele Leute beschreiben die Empfindung als Eintreten in einen ruhigeren, entspannteren Zustand, in dem Sie einen klaren Kopf behalten. Somit ist die Atmung eine der einfachsten und doch wirkungsvollsten Methoden, um gut mit Emotionen fertigzuwerden. Richtiges Atmen schaltet nicht nur sofort Ihr rationales Gehirn ein, sondern ist auch ein gutes Mittel, um den Fokus von drängenden, unangenehmen Gedanken abzulenken, die schwer abzuschütteln sind. Ob Sie wegen eines nahenden Abgabetermins unruhig werden oder auf negative Gedanken und Gefühle in der Vergangenheit fixiert sind, das richtige Atmen beruhigt, und Sie werden sich besser fühlen, weil Ihr rationales Gehirn eingeschaltet ist.

2. Stellen Sie in einer zweispaltigen Liste Emotionen und Vernunft einander gegenüber

Sie werden es vielleicht nicht immer merken, aber es gibt viele Gelegenheiten, bei denen Sie sich von Ihren Emotionen in eine Richtung drängen lassen, während Ihr rationales Gehirn sich in eine andere Richtung bewegt. Immer wenn Sie feststellen, dass in Ihrem Kopf ein Kampf zwischen dem emotionalen und dem rationalen Gehirn stattfindet, ist es an der Zeit, in einer Aufstellung die emotionale Seite der rationalen Seite gegenüberzustellen. Durch diese Aufstellung werden Sie klarer sehen, Ihr Wissen nutzen und die Bedeutung Ihrer Emotionen berücksichtigen können, ohne diesen die Kontrolle zu überlassen.

Eine solche Gegenüberstellung von Gefühlen und Vernunft ist ganz einfach anzufertigen. Ziehen Sie in der Mitte eines Blatt Papiers eine senkrechte Linie, sodass Sie zwei Spalten haben. In der linken Spalte tragen Sie ein, was Ihnen Ihre Emotionen sagen, und in der rechten Spalte, was Ihr Verstand sagt. Nun stellen Sie sich zwei wichtige Fragen: Wo vernebeln Ihre Gefühle Ihre Urteilsfähigkeit, und wo ignoriert Ihr Verstand wichtige Hinweise Ihrer Gefühle? Ihre Gefühle werden für Probleme sorgen, wenn Sie sich von ihnen ohne Einschaltung des Verstands leiten lassen, aber Ihre rationalen Gedanken können ebenso problematisch sein, wenn Sie versuchen, wie ein gefühlloser Roboter zu handeln. Ihre Gefühle sind nun einmal da, ob Sie sie anerkennen oder nicht, und die schriftliche Gegenüberstellung von Emotionen und Verstand zwingt Sie, sich mit beiden zu befassen.

Bei der nächsten schwierigen oder stressigen Situation, die Ihnen Kummer bereitet, gönnen Sie sich ein paar ruhige Augenblicke, um Ihre Gedanken zu ordnen und Ihre Aufstellung zu schreiben. Mit dieser Aufstellung vor Augen wird Ihnen die Entscheidung leichter fallen, ob Sie der emotionalen oder der rationalen Seite Ihrer Gedanken den Vorrang geben.

3. Machen Sie Ihre Ziele öffentlich

Auf Worte Taten folgen zu lassen ist schwer, insbesondere wenn das Leben ständig dazwischenfunkt. Manchmal sind die größten Enttäuschungen privater Natur – wenn wir ein Ziel nicht erreichen oder nicht tun, was wir uns vorgenommen hatten. Es gibt keine wirksamere Motivation, ein Ziel zu erreichen, als es öffentlich zu machen. Wenn Sie anderen Leuten direkt erzählen, was Sie sich vorgenommen haben – Freunden, der Familie oder dem Ehepartner –, sorgt das bei Ihnen für ein starkes Gefühl, Rechenschaft ablegen zu müssen.

Bei einem Großteil des Selbstmanagements kommt es auf die Motivation an. Sie können die Erwartungen, die andere Menschen an Sie haben, als wirksame Kraft nutzen, in die Gänge zu kommen. Wenn Ihr Chef Ihnen ein Projekt zuteilt oder Sie mit Ihrem Joggingpartner jeden Morgen pünktlich um fünf Uhr verabredet sind, ist die Wahrscheinlichkeit einfach viel größer, dass Sie Ihre Pläne in die Tat umsetzen, weil andere Menschen mit involviert sind. Suchen Sie sich Leute aus, von denen Sie wissen, dass sie auf Ihre Fortschritte achten werden. Wenn Sie jemandem von Ihren Zielen erzählen, bitten Sie sie oder ihn, Ihre Fortschritte nachzuverfolgen und von Ihnen Rechenschaft zu verlangen. Sie können dieser Person sogar die Befugnis geben, eine Belohnung oder Strafe auszusetzen. Nehmen Sie sich als Beispiel den Universitätsprofessor, der seinen Kollegen jedes Mal 100 Dollar bezahlt, wenn er einen Abgabetermin für einen wissenschaftlichen Artikel überzieht. Wie Sie sich denken können, ist er einer der wenigen, die fast immer ihre Abgabetermine einhalten!

Bei einem Großteil des Selbstmanagements kommt es auf die Motivation an. Sie können die Erwartungen, die andere Menschen an Sie haben, als wirksame Kraft nutzen, in die Gänge zu kommen.

4. Bis zehn zählen

Für diese Strategie können Sie sich bei Ihrer Kindergärtnerin bedanken! Damals, als Sie im Schneidersitz auf dem Boden saßen, haben Sie eine der wirksamsten Strategien gelernt, um sich selbst abzukühlen, wenn die Emotionen hochkochen. Seltsamerweise vergessen wir im Erwachsenenalter eine der einfachsten, aber wirksamsten Strategien der Selbstkontrolle.

Sobald Sie merken, dass Sie frustriert oder wütend werden, halten Sie inne, atmen Sie tief ein und sagen Sie sich beim Ausatmen die Zahl Eins. Atmen Sie weiter und zählen Sie auf diese Weise weiter bis Zehn. Das Zählen und Atmen wird Sie entspannen und lange genug von einer überstürzten Handlung abhalten, bis Sie Ihre Fassung wiedergewonnen haben und eine klarere, vernünftigere Sicht auf die Situation gewinnen können.

Manchmal werden Sie die Zehn gar nicht erreichen. In einem Meeting beispielsweise, in dem jemand Sie unvermittelt unterbricht, um mit irgendetwas Lächerlichem herauszuplatzen, werden Sie kaum schweigend dort sitzen und bis zur Zehn durchatmen. Aber selbst wenn Sie den zweistelligen Bereich nicht erreichen, werden Sie Ihre Frustration und Ihren Zorn lange genug unterbrochen haben, um Ihr überhitztes limbisches System abkühlen zu lassen und Ihrem rationalen Gehirn wertvolle Zeit zum Aufholen zu verschaffen.

Selbst wenn Sie den zweistelligen Bereich nicht erreichen, werden Sie Ihre Frustration und Ihren Zorn lange genug unterbrochen haben, um Ihr überhitztes limbisches System abkühlen zu lassen und Ihrem rationalen Gehirn wertvolle Zeit zum Aufholen zu verschaffen.

Falls das Zählen unauffälliger erfolgen muss, gibt es viele gute Möglichkeiten, es vor anderen verborgen zu halten. Einige Leute bringen zu jedem Meeting ein Getränk mit. Immer wenn sie das Gefühl haben, sie könnten mit einer emotional geladenen Äußerung herausplatzen, trinken sie einen Schluck. Niemand erwartet, dass sie etwas sagen, während sie trinken. Damit verschaffen sie sich die nötige Zeit, um sich zu beruhigen, ihre Gedanken zu ordnen und zu überlegen, was sie Konstruktiveres sagen können.

Eine schnelle und eher unüberlegte Reaktion schürt das Feuer im emotionalen Gehirn. Da eine verbale Retourkutsche normalerweise zu einem hitzigen Schlagabtausch führt, findet man sich leicht mitten in einer aufgeladenen emotionalen Debatte wieder. Beruhigen Sie sich hingegen und konzentrieren sich auf das Zählen, wird Ihr rationales Gehirn eingeschaltet. Dann bekommen Sie sich wieder unter Kontrolle und hindern Ihre Emotionen daran, die Oberhand zu gewinnen.

5. Einmal drüber schlafen

In dem zeitlosen Klassiker *Krieg und Frieden* schrieb Leo Tolstoi, Zeit und Geduld seien die beiden stärksten Kriegswaffen. Beide beziehen ihre Stärke aus der Fähigkeit, Situationen zu verwandeln, Schmerz zu lindern und für Klarheit zu sorgen. Manche Situationen, die unsere Geduld verlangen, können sich so unangenehm, unbefriedigend und angsterfüllt anfühlen, dass wir überstürzt handeln, nur um den inneren Aufruhr zu lindern. Meist jedoch ist der zusätzliche Tag, die weitere Woche oder ein zusätzlicher Monat, in dem Sie die Situation verdauen können, genau das, was Sie brauchen, um die Situation unter Kontrolle zu bekommen. Während des Abwartens ergeben sich gelegentlich auch Dinge, die Ihnen Ihre Entscheidung sehr erleichtern.

Zeit hilft beim Selbstmanagement, weil sie Klarheit und Durchblick bei den vielen Gedanken bringt, die Ihnen bei wichtigen Entscheidungen durch den Kopf gehen. Zeit hilft außerdem, Kontrolle über die Gefühle zu gewinnen, von denen Sie wissen, dass sie Sie in die falsche Richtung bringen würden. Sie müssen sich lediglich zwingen abzuwarten, bis sich der aufgewirbelte Staub gelegt hat. Erst dann ist erneutes Handeln sinnvoll.

6. Sprechen Sie mit einem begabten Selbstmanager

Vorbilder gibt es in jeglicher Form, sie beeinflussen unser Leben auf schwer vorhersehbare Weise. Eine der wirksamsten Möglichkeiten für das Erlernen des Selbstmanagements ist, nach geschickten Selbstmanagern Ausschau zu halten, um sich deren Kniffe abzuschauen.

Menschen, die Schwächen in puncto emotionaler Intelligenz haben, sind gewisse Fähigkeiten nicht von Natur aus gegeben. Menschen mit einer ausgeprägten emotionalen Intelligenz wissen normalerweise sehr genau, was sie gut können. Diese Menschen sollten Sie sich zum Vorbild nehmen.

Finden Sie zuerst eine Person, die für Sie ein Meister im Selbstmanagement ist. Falls es Ihnen nicht gelingen sollte, selbst einen fähigen Selbstmanager ausfindig zu machen, haben Sie immer die Möglichkeit, jemanden den Test machen zu lassen, der zu diesem Buch gehört. Laden Sie Ihren Favoriten zum Mittagessen oder Kaffeetrinken ein und erklären Sie ihm, dass Sie versuchen, sich im Selbstmanagement zu verbessern, und bitten Sie ihn oder sie, vor dem Treffen den Abschnitt über Selbstmanagement in diesem Buch zu lesen. Nennen Sie bei dem Treffen Ihre spezifischen Ziele und fragen Sie, auf welche Taktiken sich die gewählte Person beim Selbstmanagement stützt. Vergessen Sie nicht, die Emotionen und Situationen zu nennen, mit denen Sie die größten Probleme haben. Sie werden sicherlich einige einmalige und erfolgreiche Wege zum Selbstmanagement lernen, von denen Sie sonst nie erfahren hätten. Bevor Sie sich von Ihrem Gesprächspartner/Ihrer Gesprächspartnerin verabschieden, schreiben Sie sich die besten Tipps auf und wählen Sie zwei davon aus, die Sie unmittelbar im Anschluss ausprobieren. Fragen Sie Ihren Gesprächspartner, ob Sie sich erneut treffen können, nachdem Sie Gelegenheit hatten, die Vorschläge auszuprobieren.

7. Lächeln und lachen Sie öfter

Wussten Sie, dass Ihr Gesicht beim Lachen und Lächeln Signale an Ihr Gehirn sendet, dass Sie glücklich sind? Ihr Gehirn reagiert buchstäblich auf die Nerven und Muskeln in Ihrem Gesicht, um Ihren emotionalen Zustand zu bestimmen. Was bedeutet das für Ihr Selbstmanagement? Wenn Sie einem frustrierenden oder schmerzlichen Gedanken nachhängen und sich dennoch zu einem Lächeln zwingen, wirken Sie damit dem negativen emotionalen Zustand entgegen. Wenn Sie in der Kundenbetreuung tätig sind oder generell immer dann, wenn Sie fröhlich aussehen müssen, ohne es tatsächlich zu sein, setzen Sie ein breites, adäquates Lächeln auf (bei dem Ihre Wangen nach oben gezogen werden). So tricksen Sie Ihr Gemüt aus, das daraufhin die Stimmung empfindet, die Sie in diesem Augenblick brauchen.

Forscher an einer französischen Universität untersuchten die Wirkung des Lächelns, indem sie zwei Probandengruppen dieselbe Comicseite einer Zeitung lesen ließen. Eine Gruppe sollte dabei einen Stift zwischen den Zähnen halten (was die zum Lächeln genutzten Muskeln aktiviert), während die andere Gruppe den Stift mit den Lippen halten sollte (was diese Muskeln nicht aktiviert). Die Probanden, die unwissentlich »lächelten«, fanden die Comics viel lustiger und amüsierten sich beim Lesen mehr als die Probanden in der Gruppe, die nicht lächelten.

Es ist gut, einen Ausweg zu wissen, wenn Sie ein fröhliches Gesicht aufsetzen müssen.

Sie können das Lächeln und Lachen zur Stimmungsverbesserung auch erreichen, indem Sie eine lustige TV-Show anschauen oder ein Buch lesen, das Sie witzig finden. Das mag eigenartig wirken, wenn Sie niedergeschlagen sind, ist jedoch eine großartige Möglichkeit, die negativen Emotionen zu überspielen und den Kopf frei zu bekommen, insbesondere wenn die niedergeschlagene Stimmung Ihre Urteilsfähigkeit lähmt. Lächeln und Lachen werden Ihre Niedergeschlagenheit nicht beseitigen und sollen das auch gar nicht – jede Stimmung hat ihren Sinn –, aber es ist gut, einen Ausweg zu wissen, wenn Sie ein fröhliches Gesicht aufsetzen müssen.

8. Reservieren Sie täglich etwas Zeit für Problemlösungen

Tag für Tag empfinden Sie Hunderte von Gefühlen, wobei Sie sich einiger nicht einmal bewusst werden. Sie verbringen Ihren Tag damit, von einem Gefühl zum nächsten zu springen, was dazu führen kann, dass Sie einige Entscheidungen zu einem unpassenden Zeitpunkt treffen.

Denken Sie an einige Entscheidungen der letzten Zeit zurück, so werden Sie wahrscheinlich feststellen, dass die Entscheidungen, die Sie in der Hektik des Alltags getroffen haben, selten so gut waren wie die, die nach einer gewissen Planung und mit klarem Denkvermögen gefällt wurden. Die einzige Möglichkeit, Entscheidungen den geeigneten Raum zu geben, ist, etwas Zeit für Problemlösungen einzuplanen. Machen Sie es sich ganz einfach. Bereits mit 15 Minuten jeden Tag, in denen Sie Ihr Telefon ausschalten, vom Computer weggehen und sich die Zeit zum Nachdenken nehmen, sorgen Sie dafür, dass Ihre Entscheidungen nicht durch Ihre Emotionen gestört werden.

9. Kontrollieren Sie Ihre Selbstgespräche

Forschungsergebnisse deuten darauf hin, dass der Durchschnittsmensch pro Tag etwa 50 000 Gedanken hat. Das ist aber noch nicht alles. Bei jedem dieser Gedanken werden im Gehirn chemische Substanzen produziert, die Reaktionen im gesamten Körper auslösen können. Es besteht ein starker Zusammenhang zwischen dem, was Sie denken, und wie Sie sich fühlen, sowohl körperlich als auch emotional. Da Sie ständig denken (ähnlich wie Sie ständig atmen), vergessen Sie leicht, dass Sie überhaupt denken. Wahrscheinlich ist Ihnen nicht einmal klar, wie sehr Ihre Gedanken bestimmen, wie Sie sich zu jeder Stunde eines Tages fühlen.

Es ist unmöglich, jeden einzelnen Gedanken zu verfolgen, um zu sehen, ob er einen positiven oder negativen Einfluss auf Ihren emotionalen Zustand ausübt. Die Gedanken mit dem größten Einfluss sind die, bei denen Sie buchstäblich mit sich selbst sprechen. Möglicherweise bemerken Sie diese Gedanken gar nicht, und doch haben wir alle eine innere Stimme im Kopf, die unsere Wahrnehmung der Dinge beeinflusst. Wir sagen uns, dass wir ruhig bleiben wollen, gratulieren uns zu einer erledigten Aufgabe und machen uns Vorwürfe wegen schlechter Entscheidungen. Unsere Gedanken »sprechen« jeden Tag zu uns, und diese innere Stimme nennt man »Selbstgespräch«.

Gedanken sind das primäre Mittel zur Regulierung der Emotionenflut; die Gedanken, die Sie zulassen, können Emotionen hervorbringen oder unterdrücken und emotionale Erlebnisse intensivieren und verlängern. Wenn Sie von Gefühlen überwältigt werden, heizen Ihre Gedanken diese weiter auf oder kühlen sie ab. Wenn Sie lernen, Ihre Selbstgespräche zu kontrollieren, können Sie sich auf die richtigen Dinge konzentrieren und mit Ihren Gefühlen besser umgehen.

Meist sind Ihre Selbstgespräche positiv und helfen Ihnen durch den Tag (»Ich sollte mich jetzt für das Meeting fertig machen« oder »Ich freue mich sehr, heute Abend zum Essen zu gehen«). Immer dann, wenn Ihre Selbstgespräche negativ werden, schaden sie Ihrer

Fähigkeit zum Selbstmanagement. Ein negatives Selbstgespräch ist realitätsfern und kontraproduktiv. Es kann Sie in eine emotionale Abwärtsspirale versetzen, die es schwierig für Sie macht, das vom Leben zu bekommen, was Sie sich wünschen.

Nachfolgend einige Beispiele für negative Selbstgespräche und die Lösungsansätze, wie diese sich kontrollieren und ins Gegenteil umkehren lassen:

Tauschen Sie die Floskel *Ich … immer* oder *Ich … nie* aus und sagen Sie stattdessen *dieses Mal* oder *manchmal*. Ihr Handeln betrifft immer nur die jeweils aktuelle Situation, egal, wie oft Sie denken, dass Sie etwas vermasseln. Kontrollieren Sie Ihre Gedanken. Wenn Sie anfangen, jede Situation für sich zu behandeln, und aufhören, sich für jeden Fehler zu geißeln, werden Sie auch aufhören, Probleme größer zu machen, als sie tatsächlich sind.

Ersetzen Sie wertende Feststellungen wie *Ich bin ein Idiot* durch sachliche Feststellungen wie *Ich habe einen Fehler gemacht*. Gedanken, die Ihnen ein dauerhaftes Etikett verpassen, lassen keinen Raum für Verbesserung. Sachliche Feststellungen sind objektiv, auf die Situation bezogen und helfen Ihnen, sich darauf zu konzentrieren, was Sie ändern können.

Akzeptieren Sie, dass Sie alleine für Ihr Handeln verantwortlich sind und nicht für die Handlungen anderer. Schuldzuweisungen und negative Selbstgespräche gehen Hand in Hand. Wenn Sie zu denen gehören, die häufig denken *das ist alles meine Schuld* oder *das ist alles die Schuld von …*, liegen Sie die meiste Zeit falsch. Es ist lobenswert, wenn Sie die Verantwortung für Ihr eigenes Handeln übernehmen, nicht jedoch für die Last eines anderen. Umgekehrt ist es aber auch an der Zeit, dass Sie die Verantwortung für Ihren Teil übernehmen, falls Sie immer anderen die Schuld zuweisen.

10. Visualisieren Sie Ihren Erfolg

Dies ist eine weitere Strategie, die auf den ersten Blick zu einfach erscheinen mag, um erfolgreich zu sein, die es jedoch ganz schön in sich hat. Selbstmanagement zu erlernen verlangt viel Übung. Viele der für Sie schwierigsten Situationen treten jedoch nicht so häufig auf. Daher wird es schwer für Sie sein, die Nervenbahnen zu bilden, die nötig sind, um Ihre neuen Fähigkeiten zur Gewohnheit werden zu lassen . . . es sei denn, Sie lernen das Visualisieren.

Ihr Gehirn kann nur schwer unterscheiden zwischen Dingen, die Sie mit Ihren Augen sehen, und Dingen, die Sie im Kopf visualisieren. MRT-Aufzeichnungen des Gehirns von Menschen, die einen Sonnenuntergang betrachten, unterscheiden sich tatsächlich praktisch nicht von Aufzeichnungen bei denselben Menschen, wenn diese sich einen Sonnenuntergang lediglich vorstellen. In beiden Szenarien sind dieselben Hirnregionen aktiv.

Sie können Ihre neuen Fähigkeiten sehr gut üben und in Gewohnheiten verwandeln, indem Sie visualisieren, wie Sie Ihre Emotionen und Ihr Verhalten wirksam managen. Damit dies funktioniert, suchen Sie sich einen Raum, in dem Sie nicht abgelenkt werden, da Sie sich vollständig in die in Ihrem Kopf stattfindenden Szenen versenken müssen. Eine gute Zeit für das Visualisieren ist abends, bevor Sie zu Bett gehen. Schließen Sie einfach die Augen und visualisieren Sie sich in Situationen, in denen Sie mit Ihrem Selbstmanagement die größten Probleme haben. Konzentrieren Sie sich auf die Details von Situationen, die es Ihnen schwer machen, die Kontrolle zu behalten. Konzentrieren Sie sich darauf, was Sie in der tatsächlichen Situation sehen und hören würden, bis Sie buchstäblich dieselben Gefühle wie in der Situation empfinden. Als Nächstes stellen Sie sich vor, wie Sie gerne agieren würden (z.B. wie Sie ohne Nervosität und mit Selbstvertrauen eine große Präsentation halten, unaufgeregt mit jemandem umgehen, der weiß, wie er Sie provozieren kann, etc). Stellen Sie sich vor, dass Sie das Richtige tun und sagen, und spüren Sie die Zufriedenheit inklusive der positiven Emotionen, die dadurch entstehen. Keine schlechte Art, einen Tag ausklingen zu lassen, oder? Wenden Sie diese Strategie jeden Abend an und berücksichtigen Sie dabei neue, herausfordernde Situationen, die inzwischen aufgetaucht sind.

11. Verbessern Sie Ihre Schlafhygiene

Selbstmanagement verlangt Geduld, Flexibilität und Aufgewecktheit, genau das also, was Ihnen als Erstes verloren geht, wenn Sie nicht gut schlafen. Wahrscheinlich werden Sie Ihr Selbstmanagement besser im Griff haben, wenn Sie jede Nacht länger schlafen. Der entscheidende Faktor für ein wachsames, konzentriertes und ausgewogenes Gemüt ist eine gute Schlafqualität und Schlafhygiene.

Während Sie schlafen, lädt sich Ihr Gehirn buchstäblich wieder auf, geht das Tagesgedächtnis durch und speichert oder löscht es (was die Träume hervorruft), sodass Sie wach und mit klarem Kopf aufwachen. Ihr Gehirn ist sehr anspruchsvoll, wenn es um Schlaf geht. Es muss eine komplizierte Reihe von Zyklen durchlaufen, damit Sie erholt aufwachen. Sie können ihm dabei helfen und Ihre Schlafqualität verbessern, indem Sie die folgenden Schritte befolgen:

1. **Sorgen Sie dafür, dass Sie vormittags 20 Minuten Sonnenlicht bekommen.** Ihre Augen brauchen mindestens 20 Minuten vormittägliches Sonnenlicht (auch bewölkte Tage eignen sich hierfür gut), um Ihre innere Uhr zurückzusetzen, was das Einschlafen am Abend erleichtert. Das Licht soll nicht durch Fensterscheiben oder Sonnenbrille gefiltert werden. Nehmen Sie also die Sonnenbrille ab und machen Sie das Autofenster bei der Fahrt zur Arbeit auf oder nehmen Sie sich die Zeit, vor der Mittagspause an die frische Luft zu kommen.
2. **Schalten Sie den Computer mindestens zwei Stunden vor dem Zubettgehen aus.** Wenn Sie das Licht des Computerbildschirms abends vor Ihrem Gesicht haben, ist dies dem Sonnenlicht ähnlich genug, um Ihr Gehirn auszutricksen, sodass es schwierig wird, einzuschlafen und die Schlafqualität gestört wird.
3. **Reservieren Sie Ihr Bett dem Schlaf.** Am besten können Sie wahrnehmen, wann Schlafenszeit ist, wenn Sie im Bett we-

der arbeiten noch fernsehen. Reservieren Sie Ihr Bett dem Schlaf – Ihr Körper wird es Ihnen danken.

4. **Meiden Sie Koffein, vor allem nachmittags.** Koffein hat eine Halbwertzeit von sechs Stunden. Wenn Sie morgens um acht Uhr eine Tasse Kaffee trinken, haben Sie um 20 Uhr immer noch 25 Prozent Koffein im Körper. Koffein hindert Sie am Einschlafen und wirkt sich äußerst störend auf die Schlafqualität aus. Am besten verzichten Sie völlig darauf oder beschränken sich auf kleine Mengen und diese nur vormittags.

12. Richten Sie Ihre Aufmerksamkeit mehr auf Ihre Freiheiten als auf Ihre Grenzen

Das Leben ist unfair . . . da kann man nichts machen . . . das liegt nicht in deiner Macht. Väter und Mütter hämmern diese Mantras in die Köpfe ihrer Kinder, als gäbe es ein geheimes Handbuch für Mamas und Papas, das ihnen dies aufträgt. Was Eltern dabei zu erklären vergessen, ist, dass man immer eine Wahl hat – die Wahl, wie man auf das reagieren will, was man vor sich hat. Selbst wenn Sie nichts tun oder sagen können, um eine schwierige Situation zu ändern, haben Sie doch immer ein Wörtchen mitzureden, wie Sie das Geschehen sehen wollen.

Oft können Sie eine Situation oder die beteiligten Parteien nicht ändern, das heißt aber nicht, dass Sie aufgeben müssen. Wenn Sie sich bei dem Gedanken ertappen, keine Kontrolle über eine Situation zu haben, schauen Sie sich einmal genauer an, wie Sie auf die eigentliche Situation reagieren. Es ist nicht nur demoralisierend, sich auf die eigenen Grenzen zu konzentrieren, sondern dadurch tauchen auch negative Gefühle auf, die Ihren Eindruck von Hilflosigkeit noch bestätigen. Sie müssen die Verantwortung für das übernehmen, worüber Sie die Kontrolle haben, und Ihre gebündelte Energie darauf richten, trotz der Situation flexibel und aufgeschlossen zu bleiben.

13. Bewahren Sie Ihre Synchronizität

FBI-Agenten verbringen viel Zeit damit herauszufinden, ob Verdächtige lügen. Sie studieren deren Körpersprache, Tonfall und Augenkontakt. Der wichtigste Hinweis darauf, dass jemand lügt, ist das Fehlen von *Synchronie* oder auch Deckungsgleichheit – also einer Körpersprache, die mit den geäußerten Emotionen übereinstimmt.

Auch für erfolgreiche Selbstmanager ist Synchronie ein wichtiges Werkzeug. Wenn Ihnen eine gute Kontrolle über Ihre Emotionen gelingt, passen Ihre Körpersprache und Ihre emotionale Stimmung zusammen. Können Sie Ihre Körpersprache nicht unter Kontrolle halten, ist dies ein klarer Hinweis darauf, dass Sie sich von Ihren Emotionen überwältigen lassen.

Als 2009 ein Linienflugzeug sicher auf dem Hudson River in New York notlandete, rettete der Pilot Chelsea »Sully« Sullenberger alle Menschen an Bord, indem er den Flieger in genau dem richtigen Winkel und Tempo auf dem Wasser aufsetzte, um ein Auseinanderbrechen zu verhindern. Hierzu brachte er die Alarmglocken in seinem Kopf und die Angst, die er empfand, zum Schweigen. Er bewahrte seine Fassung, indem er seine Aufmerksamkeit von der Angst auf das Landen des Flugzeugs lenkte. Er hinderte seine Gefühle daran, die Kontrolle zu übernehmen, obgleich er wusste, dass die Überlebenschancen gering waren.

An den meisten Tagen werden Sie kein notlandendes Flugzeue sein; wenn es Ihnen jedoch so geht wie vielen Menschen, werden Sie Momente haben, wo Ihre Emotionen Sie überwältigen wollen. Richten Sie Ihre Aufmerksamkeit dann von Ihren Emotionen weg auf die vor Ihnen liegende Aufgabe, um Ihre Deckungsgleichheit zu erreichen.

14. Sprechen Sie mit jemandem, der emotional nicht in Ihr Problem involviert ist

Bei auftretenden Problemen ist Ihr Gehirn ständig damit beschäftigt zu denken und Informationen zu sortieren und zu analysieren, um über das beste Vorgehen zu entscheiden. Das Problem dabei ist, dass Ihr Gehirn dabei nur über die Informationen verfügt, die Sie ihm geben – was Sie zuvor gesehen haben und was aktuell geschieht. Unser Verstand ist so strukturiert, dass er nur zu leicht in einer einzigen Denkrichtung feststeckt. Wenn Sie dies zulassen, schränken Sie Ihre Handlungsmöglichkeiten stark ein.

Kein Wunder also, dass es eine so große Erleichterung sein kann, mit einem anderen Menschen über eine verwirrende emotionale Situation zu sprechen. Wer sich für Ihre Gefühle interessiert, verschafft Ihnen den Zugang zu neuen Sichtweisen und Wegen, die Sie erkunden können.

Wenn eine schwierige Situation auftaucht, suchen Sie sich jemandem, dem Sie vertrauen und bei dem Sie sich wohlfühlen, der von der Situation persönlich nicht betroffen ist. Nutzen Sie diese Person als Zuhörer und Ratgeber für Ihre Gedanken und Gefühle zu dieser problematischen Situation. Die persönliche Sichtweise dieser Person wird Ihnen helfen, die Dinge anders zu betrachten und Ihre Optionen zu erweitern.

Suchen Sie sich diese Person mit Bedacht aus. Es sollte niemand sein, der ein persönliches Interesse an der Situation hat. Die Meinung von Leuten, die direkt von Ihrer Situation betroffen sind, wird die Sache für Sie nur unklarer machen und sollte um jeden Preis gemieden werden. Nehmen Sie auch keine Person, von der Sie wissen, dass Sie Ihnen einfach nur zustimmen wird. Diese Unterstützung wird Ihnen zwar guttun, Sie jedoch daran hindern, das Gesamtbild zu sehen. Sich mit einem potenziell kritischen Gesprächspartner hinzusetzen, mag Sie momentan herausfordern, letztlich werden Sie damit aber weit besser fahren, da Sie die Dinge unter einem anderen Blickwinkel sehen.

15. Lernen Sie von jedem, mit dem Sie zu tun haben, eine wertvolle Lektion

Denken Sie an eine Zeit zurück, als ein Gespräch Sie sofort in die Defensive brachte. Sie standen da und klammerten sich fest an Schwert und Schild – zum Kampf bereit. Vielleicht kritisierte jemand Sie persönlich und hinterfragte Ihre Motive, oder ein Kollege war völlig anderer Meinung als Sie. So seltsam es klingen mag, in solchen Augenblicken lassen Sie sich eine wertvolle Gelegenheit entgehen, von anderen Menschen zu lernen. Jedem Menschen so zu begegnen, als habe er Ihnen etwas Wertvolles beizubringen, von dem Sie profitieren werden, ist die beste Möglichkeit, flexibel, aufgeschlossen und viel weniger gestresst zu sein.

Üben lässt sich dies in praktisch jeder Situation, in die Sie geraten. Nehmen wir einmal an, Sie fahren zur Arbeit und werden von jemandem ausgebremst, der plötzlich abbiegt und in einer anderen Richtung davonbraust. Selbst diese Rücksichtslosigkeit kann Sie etwas lehren. Vielleicht müssen Sie lernen, mit lästigen Leuten mehr Geduld zu haben. Es kann auch sein, dass Sie dankbar sind, es selbst nicht so eilig zu haben. Man wird bei Weitem nicht so schnell wütend, defensiv und gestresst, wenn man versucht, von anderen etwas zu lernen.

Das nächste Mal, wenn Sie auf dem falschen Fuß erwischt oder in die Defensive gedrängt werden, nutzen Sie diese Gelegenheit, um etwas daraus zu lernen. Egal, ob Sie durch das Feedback oder einfach durch das Verhalten anderer Menschen etwas lernen, diese Sichtweise beizubehalten ist der Lösungsweg, sich selbst unter Kontrolle zu halten.

16. Bauen Sie in Ihren Terminplan das Wiederaufladen Ihrer mentalen Batterien mit ein

Die körperlichen Vorteile sportlicher Betätigung sind offensichtlich. Den meisten Menschen ist jedoch nicht klar, wie wichtig Sport und weitere Entspannungs- und Erholungsmethoden auch für unseren Geist sind. Wenn Sie ein versierter Selbstmanager werden möchten, müssen Sie Ihrem Geist eine reelle Chance geben, und die hängt zu einem beträchtlichen Teil davon ab, wie Sie mit Ihrem Körper umgehen.

Wenn Sie sich täglich Zeit nehmen, Ihren Kreislauf in Schwung und Ihren Körper gesund zu erhalten, verschafft dies Ihrem Geist eine wichtige Pause – die bedeutendste Erholung und Aufladung, die Sie Ihrem Gehirn neben dem Schlaf geben können. Während eine intensive körperliche Aktivität ideal ist, können auch entspanntere Tätigkeiten Ihr Gehirn deutlich beeinflussen. Yoga, Massage, Gartenarbeit oder ein Spaziergang durch den Park sind Entspannungsmöglichkeiten, die Ihrem Geist eine Verschnaufpause verschaffen. Diese Aktivitäten setzen im Gehirn chemische Stoffe wie Serotonin und Endorphine frei, die es mit neuer Energie aufladen und dazu beitragen, dass Sie glücklich und munter bleiben. Außerdem beanspruchen und stärken Sie Bereiche im Gehirn, die für gute Entscheidungen, Planung, Organisation und rationales Denken zuständig sind.

Für die meisten besteht die größte Herausforderung bei der Umsetzung dieser Strategie darin, entsprechende Aktivitäten in ihr Tagesprogramm aufzunehmen. Nur zu gerne rücken sie auf unserer Prioritätenliste nach hinten, da Arbeit, Familie und Freunde unsere Tage vereinnahmen. Wenn Sie erkennen, wie wichtig die Regeneration Ihres Geistes ist – eine Pflegemaßnahme, die für Ihr Gehirn so wichtig ist wie das Zähneputzen für Ihren Mund –, wird es leichter, es gleich zu Wochenbeginn in den Kalender aufzunehmen und nicht zu warten, ob sich irgendwann Zeit dafür findet. Wenn Sie Ihre Fähigkeiten im Selbstmanagement verbessern möchten, ist die Umsetzung dieser Strategie die Mühe wirklich wert.

17. Akzeptieren Sie, dass immer wieder Veränderungen anstehen

Niemand wird mit einer Kristallkugel geboren, die seine Zukunft vorhersagt. Da Sie nicht jede Veränderung und jedes Hindernis vorhersehen können, die Ihnen das Leben in den Weg stellen wird, liegt die Lösung zum erfolgreichen Umschiffen von Veränderungen darin, die Perspektive zu ändern, *bevor* diese überhaupt auftauchen.

Seien Sie auf Veränderung vorbereitet. Es geht weniger darum, Veränderungen vorherzusagen, sondern darum, die Folgen potenzieller Veränderungen zu durchdenken, sodass Sie nicht allzu überrascht sind, wenn sie tatsächlich eintreten. Der erste Schritt besteht darin, sich einzugestehen, dass Sie selbst die stabilsten und zuverlässigsten Facetten Ihres Lebens nicht vollständig unter Kontrolle haben. Menschen verändern sich, und Unternehmen müssen sich mit dem Auf und Ab der wirtschaftlichen Lage auseinandersetzen. Wenn Sie davon ausgehen, dass Veränderungen passieren – und sich vergegenwärtigen, über welche Optionen Sie verfügen, wenn diese Veränderungen eintreten –, verhindern Sie, dass Sie von starken Emotionen wie Schock, Überraschung, Angst und Enttäuschung überwältigt werden, wenn es dann tatsächlich dazu kommt. Selbst wenn Sie diese negativen Gefühle trotzdem empfinden, sorgt Ihre Akzeptanz der Tatsache, dass Veränderung ein unvermeidlicher Teil des Lebens ist, dafür, dass Sie sich konzentrieren und nachdenken können, was wichtig ist, um das Beste aus einer unerwünschten und unvorhergesehenen Situation herauszuholen.

Gestehen Sie sich ein, dass Sie selbst die stabilsten und zuverlässigsten Facetten Ihres Lebens nicht vollständig unter Kontrolle haben.

Am besten lässt sich diese Strategie umsetzen, indem Sie jede oder jede zweite Woche ein kleines Zeitfenster einplanen, um eine Liste bedeutsamer Veränderungen zu erstellen, deren Eintreten Sie für *möglich* halten. Das sind Veränderungen, auf die Sie vorbereitet sein möchten. Lassen Sie auf der Liste unter jeder

Veränderung genügend Platz, um alle möglichen Vorgehensweisen aufzuschreiben, die Sie verfolgen können, falls diese Veränderung tatsächlich eintreten sollte. Und darunter notieren Sie Ideen, was Sie bereits jetzt tun können, um auf die Veränderung vorbereitet zu sein. Auf welche Anzeichen, die auf eine bevorstehende Änderung hindeuten, können Sie ein Auge haben? Gibt es irgendetwas, was Sie tun können, um sich auf den Schlag vorzubereiten und ihn abzumildern? Selbst wenn die Veränderungen auf Ihrer Liste nie eintreten, werden Sie durch das Vorausahnen von Veränderungen und das Wissen, wie Sie darauf reagieren würden, insgesamt zu einem flexibleren und anpassungsfähigeren Menschen.

7

STRATEGIEN FÜR DIE ENTWICKLUNG DES SOZIALEN BEWUSSTSEINS

Haben Sie jemals erlebt, dass ein Kollege auf Sie zukam und auch ohne große Erklärungen Ihrerseits verstanden hat, wie Ihr Tag verlaufen ist und womit Sie in Gedanken beschäftigt sind? Offenbar konnte er von Ihrem Gesicht ablesen, dass Sie von einem sehr anstrengenden Meeting kamen. Er wusste, dass er Ihnen wahrscheinlich Zeit zum Dampfablassen geben muss, anstatt Sie um einen Gefallen zu bitten.

Oder denken Sie an diese Kellnerin, die offenbar »einfach weiß«, was jeder ihrer Gäste braucht: Ein Paar ist ganz in seiner eigenen Welt und möchte in Ruhe gelassen werden; ein anderes Paar ist für ein nettes Gespräch mit einer neuen Person offen, während die Gäste an anderen Tischen einen professionellen und höflichen Service ohne Small Talk wünschen. Alle sitzen am Tisch, um zu essen, zu trinken und bedient zu werden, und doch gibt es unter der Oberfläche so viel, was jeden Tisch einzigartig macht. Wie gelingt es der Kellnerin, die Gäste so schnell einzuschätzen und zu wissen, was jeder benötigt?

Sowohl der einfühlsame Kollege als auch die Kellnerin beweisen ein hohes Maß an sozialem Bewusstsein, eine Fähigkeit, mit der sie die Stimmungen anderer Menschen und ganzer Gruppen erkennen und verstehen. Sie sind beide alte Hasen, aber sie haben diese Fähigkeit ziemlich sicher irgendwann einmal gelernt und über lange Zeit geübt.

Anders als beim Blick nach innen, bei dem Sie etwas über sich selbst lernen, ist das soziale Bewusstsein ein Blick *nach außen,* um etwas über andere zu erfahren und diese wertzuschätzen. Soziales Bewusstsein konzentriert sich auf Ihre Fähigkeit, die Gefühle anderer zu erkennen und zu verstehen. Das Einstimmen auf die Gefühle anderer im Umgang mit ihnen wird Ihnen helfen, einen genaueren Blick für Ihre Umgebung zu bekommen. Dies wird sich auf viele Bereiche in Ihrem Leben auswirken, von Ihren Beziehungen angefangen bis hin zu Ihrem Einkommen.

Zum Aufbau Ihres sozialen Bewusstseins werden Sie Menschen in allen möglichen Situationen beobachten. Sie werden vielleicht jemanden aus der Ferne beobachten, während Sie an einer Kasse anstehen, oder mitten in einem Gespräch die Person beobachten, mit der Sie sich unterhalten. Sie werden lernen, aus der Körpersprache, dem Gesichtsausdruck, der Haltung und dem Tonfall Ihre Schlüsse zu ziehen und zu erkennen, was unter der Oberfläche verborgen ist, also tiefere Gefühle und Gedanken.

Zu den faszinierenden Dingen beim Aufbau eines geschärften sozialen Bewusstseins gehört, dass Emotionen, Gesichtsausdruck und Körpersprache sich nachweislich in vielen verschiedenen Kulturen ähneln. Sie können diese Fähigkeiten also überall nutzen.

Wichtig ist, einen klaren Blick zu haben, präsent zu sein und anderen Ihre volle Aufmerksamkeit zukommen zu lassen – das sind die ersten Schritte zum sozialen Bewusstsein. Beim Blick nach außen geht es nicht nur darum, Ihre Augen zu nutzen, sondern auch Ihre anderen Sinne. Sie können nicht nur Ihre fünf Sinne vollständig nutzen, sondern auch die riesige Informationsmenge, die Ihr Gehirn über Ihren sechsten Sinn erreicht, Ihre Gefühle. Wenn andere Menschen Ihnen Hinweise senden, können Sie diese über Ihre Gefühle wahrnehmen und interpretieren. Diese Hinweise sind auch hilfreich, um in die Haut des anderen zu schlüpfen.

Die 17 Strategien dieses Kapitels werden Ihnen helfen, die Hindernisse auf Ihrem Weg anzupacken, und Sie unterstützen, wenn es hart auf hart kommt. Sie können nicht auf alles achten, daher ist es entscheidend, die richtigen Signale aufzufangen. Genau dabei werden Ihnen diese bewährten Strategien für die Entwicklung des sozialen Bewusstseins helfen.

STRATEGIEN FÜR DIE ENTWICKLUNG DES SOZIALEN BEWUSSTSEINS

1. Sprechen Sie andere Menschen immer mit Namen an.
2. Beobachten Sie die Körpersprache.
3. Bedenken Sie immer: Timing ist alles.
4. Haben Sie für alle Fälle eine Frage in Reserve.
5. Verzichten Sie bei Meetings auf Notizen.
6. Planen Sie Geselligkeiten im Voraus.
7. Schaffen Sie Ordnung.
8. Leben Sie für den Augenblick.
9. Unternehmen Sie einen 15-minütigen Rundgang.
10. Achten Sie in Filmen auf emotionale Intelligenz.
11. Üben Sie die Kunst des Zuhörens.
12. Beobachten Sie andere Menschen.
13. Lernen Sie die Regeln des Kulturspiels verstehen.
14. Fragen Sie nach.
15. Schlüpfen Sie in eine fremde Haut.
16. Ermitteln Sie das Gesamtbild.
17. Lernen Sie, die Stimmung in einem Raum zu erfassen.

1. Sprechen Sie andere Menschen immer mit Namen an

Vielleicht wurden Sie nach einem Verwandten oder Freund der Familie benannt, oder Sie tragen vielleicht einen Spitznamen, der Ihren langen Familiennamen abkürzt. Egal, welche Geschichte sich hinter Ihrem Namen verbirgt, er ist ein wesentlicher Teil Ihrer Identität. Es ist ein angenehmes Gefühl, von anderen namentlich angesprochen zu werden.

Jemanden mit Namen anzusprechen ist eine der grundlegendsten und wirksamsten Strategien des sozialen Bewusstseins. Es ist eine persönliche und bedeutungsvolle Art, jemanden für sich einzunehmen. Wenn Sie dazu neigen, sich in gesellschaftlichen Situationen zurückzuziehen, ist das namentliche Ansprechen einer anderen Person eine einfache Art, sich aus Ihrem Schneckenhaus zu wagen. Eine andere Person beim Namen zu nennen reißt Barrieren ein und wirkt herzlich und einladend. Auch wenn Sie ein geselliger Mensch sind, ist das namentliche Ansprechen anderer eine Strategie, an die Sie sich halten können.

Egal, welche Geschichte sich hinter Ihrem Namen verbirgt, er ist ein wesentlicher Teil Ihrer Identität. Es ist ein angenehmes Gefühl, von anderen namentlich angesprochen zu werden.

Jetzt geht es um die praktische Umsetzung. Können Sie sich Namen schlecht merken, behalten Sie Gesichter, aber nicht die dazugehörigen Namen? Üben Sie diesen Monat, jedes Mal »Hallo, [Name]« zu sagen, wenn Sie einen Raum betreten oder auf Menschen zugehen oder Fremden vorgestellt werden. Das Merken eines Namens ist für das Gehirn eine Aufgabe, die Sie vielleicht üben müssen. Klingt ein Name für Sie ungewöhnlich, bitten Sie die Person, ihn zu buchstabieren, um sich den geschriebenen Namen vorstellen zu können. Das wird Ihnen helfen, sich später wieder an ihn zu erinnern. Verwenden Sie den Namen dieser Person mindestens zweimal während der Unterhaltung.

Das namentliche Ansprechen anderer bedeutet nicht nur, sie als Persönlichkeit anzuerkennen, sondern Sie bauen eine intensivere

Verbindung zu ihnen auf. Sich die Namen anderer Menschen zu merken, denen Sie begegnen, ist eine Konzentrationsübung, die Ihre Achtsamkeit in geselligen Situationen verbessern wird.

2. Beobachten Sie die Körpersprache

Fragen Sie Profi-Pokerspieler, was diese bei ihren Mitspielern am sorgfältigsten studieren, so werden Sie zu hören bekommen, dass sie auf winzige Veränderungen im Verhalten achten, die das Vertrauen des Spielers in seine Karten anzeigen.

Sie checken Haltung, Augenbewegung, Handgesten und Gesichtsausdruck. Der selbstsichere Spieler blufft häufig, während ein Mitspieler mit einer ruhigen Hand einen Royal Flush hat und nur darauf wartet, diesen auszuspielen. Für Profi-Pokerspieler entscheidet das Lesen der Körpersprache über Sieg oder Niederlage. Ein geschärftes soziales Bewusstsein kann hierbei entscheidend sein.

Für uns ist es ebenso wichtig, geschickte Leser der Körpersprache zu werden, denn so erfahren wir, wie sich Leute wirklich fühlen, und können angemessen darauf reagieren. Um ein komplettes Bild zu erhalten, »lesen« Sie die Körpersprache von Kopf bis Fuß. Beginnen Sie mit dem Kopf und dem Gesicht. Die Augen teilen mehr mit als jeder andere Teil der menschlichen Anatomie. Sie können ihnen eine Menge an Informationen entnehmen, achten Sie jedoch darauf, die andere Person nicht anzustarren. Bei längerem Augenkontakt kann sich zeigen, ob ein Mensch vertrauenswürdig, aufrichtig oder fürsorglich ist. Ein verschlagener Blick oder häufiges Augenzwinkern kann für eine Täuschung sprechen. Menschen, deren Augenbewegungen entspannt und dennoch aufmerksam auf die Person gerichtet sind, mit der sie sich unterhalten, sind aufrichtiger und ehrlicher.

Achten Sie als Nächstes auf das Lächeln einer Person. Ist es aufrichtig, oder wirkt es gezwungen? Forscher sehen den Unterschied. Sie achten auf Hautfältchen in den Augenwinkeln. Wenn diese fehlen, ist das Lächeln wahrscheinlich falsch. Authentisches Lächeln verändert sich rasch von einer kleinen Gesichtsbewegung zu einem breiten, offenen Gesichtsausdruck.

Haben Sie das Gesicht betrachtet, machen Sie bei den Schultern, dem Rumpf und den Gliedmaßen weiter. Hängen die Schultern, oder werden sie ganz natürlich gerade gehalten? Sind Arme,

Hände, Beine und Füße ruhig oder zappelig? Der Körper kommuniziert pausenlos und ist eine fantastische Informationsquelle. Achten Sie daher bei Meetings, Treffen mit Freunden und bei Menschen, denen Sie erstmals vorgestellt werden, gezielt auf die Körpersprache. Haben Sie sich erst einmal auf die Körpersprache eingestimmt, werden deren Botschaften laut und deutlich. Schon bald werden Sie Hinweise wahrnehmen und sagen können, wenn jemand blufft.

3. Bedenken Sie immer: Timing ist alles

Wahrscheinlich haben Sie den Satz »Das richtige Timing ist alles« schon Hunderte Male gehört. Beim Umgang mit Menschen und ihren Emotionen ist Timing tatsächlich von großer Bedeutung. Fragen Sie nicht nach einer Gehaltserhöhung, wenn die Geschäfte gerade schlecht gehen, versuchen Sie nicht, jemanden zurechtzuweisen, der sich von Ihnen bedroht fühlt, und bitten Sie nicht um einen Gefallen, wenn jemand sehr gestresst oder wütend ist.

Um Ihr Timing in Bezug auf das soziale Bewusstsein zu üben, fangen Sie an, Fragen zu stellen. Ziel ist, die richtigen Fragen zum richtigen Zeitpunkt und in der richtigen Gemütsverfassung zu stellen und dabei Ihre Zuhörer vor Augen zu haben.

Stellen Sie sich vor, Sie sprechen mit einer Kollegin über ihren unmöglichen Ehemann. Sie äußert Bedenken über den Fortbestand ihrer Ehe und ist emotionaler als sonst. Als Antwort platzen Sie mit der Frage heraus: »Haben Sie sich schon Gedanken über den Projektvorschlag gemacht?« Sie würde Sie ausdruckslos anstarren und wäre von Ihrer Frage wie aus heiterem Himmel getroffen. Ihr fiele das Kinn herunter. Die Unterhaltung wäre beendet.

In diesem Fall waren Zeitpunkt, Frage und Gemütsverfassung falsch. Sie haben die richtige Frage zu einem für Sie richtigen Zeitpunkt gestellt, für die andere Person jedoch waren Zeitpunkt und Gemütsverfassung vollkommen falsch. Bedenken Sie, es geht hier nicht um Sie, sondern um die andere Person. Eine angemessene Frage wäre zu diesem Zeitpunkt gewesen: »Kann ich irgendetwas für Sie tun?« Höchstwahrscheinlich hätte sie Ihre Anteilnahme zu schätzen gewusst und sich beruhigt. Dann hätten Sie vorsichtig Ihre Frage stellen können, wohl wissend, dass der Zeitpunkt etwas ungünstig ist.

Wenn Sie Ihr Timing üben, bedenken Sie immer, dass der Schlüssel zum sozialen Bewusstsein die Konzentration auf andere, nicht auf Sie selbst ist.

4. Haben Sie für alle Fälle eine Frage in Reserve

Manchmal verlaufen Gespräche nicht wie geplant. Vielleicht redet der Gesprächspartner weniger als erwartet, oder Sie bekommen einsilbige Antworten. Ein zehnsekündiges Schweigen fühlt sich an wie eine Ewigkeit, es schüttelt Sie geradezu, weil es so peinlich ist. Sie müssen schnell etwas aus dem Hut zaubern. Wie wäre es mit einer nützlichen Reservefrage?

Eine Reservefrage nutzen Sie *nur im Notfall*, um sich aus der Klemme eines peinlichen Schweigens oder unangenehmen Augenblicks zu befreien. Diese Strategie des sozialen Bewusstseins verschafft Ihnen etwas Zeit, um Ihr Gegenüber besser kennenzulernen und diesem zu signalisieren, dass Sie an ihren oder seinen Gedanken, Gefühlen und Ideen interessiert sind. Es kann eine Frage sein wie: »Was halten Sie eigentlich von [Lücke ausfüllen]?« Wählen Sie aus einer Reihe von Themen, die ein paar Erklärungen verlangen, wie die Arbeit oder aktuelle Ereignisse, meiden Sie jedoch Politik, Religion und andere heikle Bereiche.

Der gewandte Gesprächspartner weiß genau, wann er seine Frage aus dem Hut zaubern muss – das Gespräch muss in Gang gebracht werden, und er ist einfach noch nicht bereit, jetzt schon aufzugeben. Es mag wie ein plötzlicher Themenwechsel wirken. Keine Sorge: Wenn dadurch wieder Leben in die Unterhaltung kommt, haben Sie es richtig gemacht. Wenn sich weiterhin nichts bewegt, ist es vielleicht an der Zeit, höflich noch jemanden in das Gespräch einzubeziehen oder sich zu entschuldigen, um ein Getränk zu holen.

5. Bei Meetings auf Notizen verzichten

Man hat es uns immer wieder eingetrichtert: Wenn wir Erfolg haben möchten, müssen wir lernen, mit einer hektischen Arbeitsbelastung zurechtzukommen, und uns immer mehr aufbürden. Je mehr Aufgaben Sie also mittels Multitasking unter einen Hut bringen können, desto erfolgreicher sind Sie, richtig? Falsch. Durch Multitasking opfern Sie tatsächlich die Qualität Ihrer Arbeit, da das Gehirn einfach nicht in der Lage ist, gleichzeitig bei mehreren Tätigkeiten Höchstleistung zu bringen.

Stellen wir uns einmal vor, Sie sind in einem Meeting, bei dem mehrere Ideen geäußert werden. Zu jedem Gedanken werden Pros und Kontras durch den Raum geworfen. Obgleich auf Flip-Charts Notizen gemacht werden, ziehen Sie es vor, Ihre eigenen Aufzeichnungen zu machen, damit Ihnen keine Details entgehen. Als Sie Ihre letzten Gedanken notiert haben, wechselt die Stimme des Kollegen Oscar plötzlich von einem gleichmäßigen in einen eindeutig verärgerten Tonfall. Es folgt ein kurz angebundener Austausch zwischen Oscar und seiner Kollegin Melinda. Sie überprüfen Ihre Notizen, können die Ursache für diesen Wandel jedoch nicht finden. Was ist passiert? Sie haben entscheidende Details verpasst.

Dadurch, dass Ihr Kopf auf Ihr Tablet oder Ihre schreibende Hand konzentriert war, ist Ihnen der entscheidende Hinweis entgangen, wie sich andere fühlen oder was sie denken. Jemand, der die ganze Geschichte und das vollständige Bild mitbekommen möchte, beobachtet andere, ohne sich durch das Telefon oder andere Tätigkeiten ablenken zu lassen. Stattdessen beobachtet er oder sie einfach. Vergessen Sie nicht, dass das Hauptziel des sozialen Bewusstseins ist, zu erkennen und zu verstehen, wie andere denken und wie sie sich fühlen. Hierzu müssen Sie sich auf die anderen Menschen konzentrieren.

Dadurch, dass Ihr Kopf auf Ihr Tablet oder Ihre schreibende Hand konzentriert war, ist Ihnen der entscheidende Hinweis entgangen, wie sich andere fühlen oder was sie denken.

Meetings sind eine großartige Gelegenheit, um andere zu beobachten. Dort ist bereits ein Publikum versammelt, und die Ablenkungen durch E-Mails oder Telefon sind normalerweise sehr gering – allerdings gibt es den Stift in der Hand. Verzichten Sie bei Ihrem nächsten Meeting darauf, Notizen zu machen. Schauen Sie sich stattdessen die Gesichter aller Teilnehmer an und nehmen Sie deren jeweiligen Gesichtsausdruck wahr. Stellen Sie zu demjenigen, der gerade spricht, Augenkontakt her. Sie werden sich engagierter und stärker auf andere konzentriert fühlen und Dinge aufnehmen, die Stift und Papier mit Sicherheit entgehen.

Notizen haben sicherlich ihren Wert, dennoch müssen sie nicht zum Standard werden. Wenn Sie aus praktischen Gründen Notizen machen müssen, unterbrechen Sie diese vorübergehend, um zu beobachten.

6. Planen Sie Geselligkeiten im Voraus

Stellen Sie sich folgende Situation vor: Sie sind auf dem Heimweg von einer Einladung zum Abendessen. Sie können immer noch nicht glauben, dass Sie vergessen hatten, Brot mitzubringen. Mindestens 10 Minuten haben Sie auf der Party damit zugebracht, sich deswegen öffentlich Vorwürfe zu machen, und weitere 15 Minuten, sich von Ihren gutmütigen Freunden necken zu lassen. Als Sie den Schlüssel ins Zündschloss stecken, fällt Ihnen ein, dass Sie sich von Jack eine Visitenkarte geben lassen wollten, um ihn wegen eines Marketingprojekts anzurufen. Die »Brotpanne« hatte sie völlig aus der Bahn geworfen. Dann war da noch Kate. Sie wirkte während des ganzen Essens niedergeschlagen. Warum haben Sie sie nicht darauf angesprochen?

Sie haben geplant, an diesem Essen teilzunehmen, aber haben Sie auch *vorausgeplant*? Das Vorausplanen eines Events kann Ihre Rettung werden, ob es sich nun um eine Einladung zum Abendessen oder ein Arbeitsmeeting handelt. Wenn Sie den Raum mit einem Plan in der Tasche betreten, verschaffen Sie Ihrer mentalen Energie und Ihrem Gehirn Freiraum und können sich auf den gegenwärtigen Moment konzentrieren.

Bei der nächsten Einladung, die Sie annehmen, denken Sie sofort daran, gut vorauszuplanen. Schreiben Sie auf eine Karteikarte, wer dort anwesend sein wird, und notieren Sie alle Gesprächspunkte oder Ihre etwaigen Pflichten. Genieren Sie sich nicht – nehmen Sie das Kärtchen mit!

Spielen wir die Szene erneut durch, dieses Mal jedoch mit Ihrem Plan in der Tasche. Nachdem Sie angekommen sind, geben Sie dem Gastgeber das versprochene Brot. Sie entdecken Jack in der Küche und gehen zu einem kurzen Plausch zu ihm, wobei Sie ihn um seine Visitenkarte bitten. Nachdem das erledigt ist, bemerken Sie, dass Kate nicht gut drauf ist – sie wirkt trübsinnig. Sie achten sofort auf das Alarmzeichen in Ihrem Kopf und nehmen Kate beiseite, um zu sehen, ob sie jemanden zum Reden braucht. Sie weiß Ihre Sorge zu schätzen, lächelt und erzählt ihre Geschichte. Anschließend gehen Sie beide wieder zu der Gruppe und genießen das Essen.

Ein bisschen Planung bereitet Sie nicht nur auf das Event vor, sondern sorgt auch dafür, dass Sie es mehr genießen können, weil Sie sich weniger gestresst fühlen und präsenter sind.

7. Schaffen Sie Ordnung

Soziales Bewusstsein verlangt, in Gesellschaft präsent zu sein und Ablenkungen aus dem Weg zu räumen – vor allem die in Ihrem Kopf. Diese inneren Ablenkungen haben Ähnlichkeit mit dem Durcheinander in Ihrer Garage oder Ihrem Schrank – es ist eine Menge Nützliches dabei, aber es ist so voll, dass Sie nur schwer an das herankommen, was Sie brauchen. Die Lösung: Schaffen Sie Ordnung.

Es gibt ein paar Übeltäter, die einen »Frühjahrsputz« wert sind. Erstens die Unterhaltungen und das Geplapper in unserem Kopf, unsere ständigen Selbstgespräche. Damit sind wir so beschäftigt, dass wir die Außenwelt ausblenden – für das soziale Bewusstsein absolut kontraproduktiv. Der zweite Übeltäter ist, unsere Antworten bereits im Kopf zu formulieren, während unser Gesprächspartner noch spricht. Auch das ist kontraproduktiv – es ist schwierig, sich selbst und einer anderen Person gleichzeitig zuzuhören.

Dieses innere Durcheinander lässt sich mit zwei einfachen Schritten aus dem Weg räumen. Unterbrechen Sie Ihr Gegenüber in einem Gespräch nicht, lassen Sie ihn oder sie ausreden. Um zudem die innere Stimme abzustellen, die Ihre Antwort bereits plant, ist es wichtig, dass Sie sich dabei auf frischer Tat ertappen und selbst stoppen. Nun konzentrieren Sie sich wieder auf das Gesicht und die Worte Ihres Gesprächspartners. Wenn es Ihnen hilft, können Sie sich auch zu dem Sprechenden hinbeugen, um auch Ihren Körper auf das Gespräch zu fokussieren. Diese Achtsamkeit beweist, dass Sie Fortschritte machen, denn es gab Zeiten, da hätten Sie dieses Verhaltensmuster nicht einmal bemerkt.

Erinnern Sie sich selbst daran, dass Sie ein Gespräch führen, um zuzuhören und etwas zu erfahren, und nicht, um Ihren Gesprächspartner mit klugen Zwischenbemerkungen zu beeindrucken. Je länger Sie üben, sich das innere Durcheinander bewusst zu machen und zu ordnen, desto besser werden Sie darin, Ihre inneren Gedanken zum Schweigen zu bringen. Damit verbessern Sie Ihre Fähigkeiten als Zuhörer deutlich.

8. Leben Sie für den Augenblick

Niemand lebt mehr im Hier und Jetzt als Kinder. Ein Kind überlegt nicht, was gestern war oder was es später am Tag machen wird. Im Augenblick ist es Superman, und während es mit den Bösewichten kämpft, gibt es sonst nichts auf der Welt.

Erwachsene hingegen ärgern sich über die Vergangenheit (*Ach, hätte ich das bloß nicht gemacht*) und stressen sich mit der Zukunft (*Wie soll ich das morgen nur auf die Reihe bekommen?*). Es ist unmöglich, sich auf die Gegenwart zu konzentrieren, wenn Zukunft und Vergangenheit mit ins Blickfeld rücken. Soziales Bewusstsein verlangt, so natürlich wie ein Kind im jeweiligen Augenblick zu leben, sodass Sie sofort bemerken können, was mit anderen los ist.

Machen Sie es sich zur Gewohnheit, im Hier und Jetzt präsent zu sein, damit wächst Ihr soziales Bewusstsein. Fangen Sie noch diesen Monat damit an: Wenn Sie im Fitness-Studio sind, seien Sie auch wirklich im Fitness-Studio. Wenn Sie in einem Meeting sind, seien Sie wirklich in diesem Meeting. Egal, wo Sie sind, seien Sie so präsent wie möglich, um die Menschen um sich herum zu sehen und das Leben in diesem Moment zu erleben. Falls Sie sich dabei ertappen, in Gedanken woanders zu sein, schalten Sie wieder um auf die Gegenwart. Zukunftsplanung und das Nachdenken über die Vergangenheit sind nützlich; bleiben Sie jedoch den lieben langen Tag darin verhaftet, wirkt sich dies störend auf das aus, was Sie vor sich haben – Ihre Gegenwart.

Zukunftsplanung und das Nachdenken über die Vergangenheit sind nützlich; bleiben Sie jedoch den lieben langen Tag darin verhaftet, wirkt sich dies störend auf das aus, was Sie vor sich haben – Ihre Gegenwart.

9. Unternehmen Sie einen 15-minütigen Rundgang

Hat nicht einmal jemand gesagt, im Leben sei der Weg das Ziel? Um ein soziales Bewusstsein zu bekommen, müssen wir daran denken, diesen Weg zu genießen und die Menschen unterwegs wahrzunehmen. Wenn Sie nur darauf fokussiert sind, zum nächsten Meeting zu kommen, die nächste Vorlesungsperiode zu beginnen, den nächsten Patienten zu empfangen, all Ihre Kunden aufzusuchen oder eiligst eine E-Mail zu schicken, verpassen Sie die Menschen zwischen den Punkten A,B, C und D.

Beschäftigen Sie sich mit diesem Weg, nehmen Sie sich etwas Zeit, um an Ihrem Arbeitsplatz einen Rundgang zu unternehmen und Ihre Umgebung wahrzunehmen. Ein solcher Rundgang wird Ihnen helfen, sich auf andere Menschen und deren Emotionen einzustimmen und Ihre Aufmerksamkeit wieder auf einige der kleineren, aber dennoch entscheidenden sozialen Hinweise zu konzentrieren, die es direkt vor Ihrer Nase gibt.

Nehmen Sie sich an einem beliebigen Arbeitstag einfach nur 15 Minuten Zeit, um Dinge zu beobachten, die Sie bisher nie bemerkt haben. Zu den Dingen, auf die Sie achten sollten, gehört, wie die Arbeitsplätze von Kollegen aussehen und sich anfühlen, die zeitliche Koordinierung, wann verschiedene Leute durch das Büro gehen, und welche Leute Kontakt suchen und wer den ganzen Tag an seinem Schreibtisch bleibt.

Nach dieser ersten Beobachtungsrunde wählen Sie einen anderen Tag, an dem Sie versuchen, die verschiedenen Stimmungen aufzunehmen. Die Stimmungen anderer können Ihnen entscheidende Hinweise darauf geben, wie die Dinge laufen, sowohl individuell als auch kollektiv. Achten Sie darauf, was Kollegen möglicherweise empfinden oder welches Gefühl Sie bei ihnen hinterlassen, wenn Sie zu einem kurzen Plausch vorbeikommen. Beobachten Sie auch die allgemeine Stimmung im Büro oder in der Schule, auf der Krankenpflegestation oder der Produktionsebene – wie auch immer Ihr Arbeitsumfeld aussieht. Konzentrieren Sie sich genau auf das, was Sie sehen, hören und von anderen aufnehmen.

Planen Sie jeweils 15 Minuten ein, um einen Monat lang zweimal pro Woche die Runde an Ihrem Arbeitsplatz zu drehen. Vermeiden Sie es an diesen Tagen, zu viele Vermutungen anzustellen oder Schlussfolgerungen zu ziehen – beobachten Sie einfach nur. Sie werden erstaunt sein, was Sie alles zu sehen bekommen.

10. Achten Sie in Filmen auf emotionale Intelligenz

Hollywood, die Welthauptstadt der Unterhaltung, bekannt für Glamour und Promis. Ob Sie es glauben oder nicht, Hollywood ist auch ein reifer Nährboden für den Aufbau von emotionaler Intelligenz. Schließlich ahmt die Kunst das Leben nach, oder? Filme sind eine Quelle zur Beobachtung von Fähigkeiten der emotionalen Intelligenz, sie demonstrieren Verhaltensweisen, denen nachzueifern ist oder die absolut zu vermeiden sind. Bedeutende Schauspieler sind Meister darin, in sich selbst echte Gefühle hervorzurufen; ihre Rollen sind so geschrieben, dass sie ungewöhnlich und eindeutig agieren, daher ist es einfach, die Hinweise und Emotionen auf der Leinwand zu beobachten.

Zum Aufbau Ihres sozialen Bewusstseins brauchen Sie Übung im Wahrnehmen, was mit anderen Menschen geschieht; dabei ist es unerheblich, ob Sie mit einem fiktiven Theaterhelden oder einer echten Person üben. Wenn Sie einen Film anschauen, um soziale Hinweise zu beobachten, üben Sie Ihr soziales Bewusstsein. Da Sie die Situation nicht wirklich erleben, sind Sie emotional nicht involviert, und Ablenkungen sind begrenzt. Sie können Ihre mentale Energie nutzen, um die Personen zu beobachten, anstatt Ihr eigenes Leben zu bewältigen.

Stellen Sie sich diesen Monat die Aufgabe, zwei Filme speziell vor dem Hintergrund anzuschauen, die Interaktionen, Beziehungen und Konflikte der Filmpersonen zu beobachten. Achten Sie auf die Körpersprache, um herauszufinden, wie sich jede Figur fühlt, und beobachten Sie, wie die Figuren mit ihren Konflikten umgehen. Sie erkennen mit Fortlauf des Films, was die Figuren wollen und was sie antreibt; spulen Sie den Film zurück und schauen Sie verschiedene Szenen noch einmal an, um nach Hinweisen zu suchen, die Sie beim ersten Mal eventuell übersehen haben. Ob Sie es glauben oder nicht, das Anschauen von Filmen aus einer Scheinwelt ist eine der nützlichsten und unterhaltsamsten Arten, Ihr soziales Bewusstsein für die reale Welt zu üben.

11. Üben Sie die Kunst des Zuhörens

Es klingt fast zu einfach, aber Zuhören ist eine Strategie und eine Fähigkeit, die in der Gesellschaft an Boden verliert. Die meisten Leute halten sich für gute Zuhörer, aber wenn Erwachsene heute das Spiel »Stille Post« spielen würden, wie genau käme die Nachricht am Ende an? Zuhören verlangt Konzentration, und diese ist nicht leicht, weil wir in mehrere Richtungen gefordert werden.

Beim Zuhören geht es nicht nur darum, Worte aufzunehmen, sondern auch darum, auf den Tonfall, das Redetempo und die Lautstärke der Stimme zu hören. Was wird gesagt? Wird irgendetwas nicht gesagt? Welche verborgenen Botschaften gibt es unter der Oberfläche? Sie haben möglicherweise bereits eine Rede oder Präsentation gehört, für die kraftvolle Worte gewählt wurden, während Tonfall, Redetempo oder Lautstärke nicht zur Kraft der Worte passten. Stattdessen entsprachen sie wahrscheinlich der Gemütsverfassung des Sprechenden.

Üben Sie folgende Strategie: Spricht jemand mit Ihnen, beenden Sie jede Tätigkeit und hören aufmerksam zu, bis die Person fertig gesprochen hat. Schreiben Sie keine E-Mail, während Sie telefonieren. Wenn Ihr Sohn Ihnen eine Frage stellt, klappen Sie Ihren Laptop zu und schauen Sie ihn an, während Sie antworten. Beim gemeinsamen Familienessen stellen Sie den Fernseher ab und hören der Unterhaltung bei Tisch zu. Wenn Sie jemanden empfangen, schließen Sie die Tür und setzen sich neben diese Person, um konzentriert zu sein und zuzuhören. Solche einfachen Dinge werden Ihnen helfen, präsent zu bleiben, die Hinweise aufzunehmen, die Ihr Gegenüber sendet, und wirklich zu hören, was sie oder er sagt.

12. Beobachten Sie andere Menschen

Manchmal möchten Sie nichts weiter tun, als sich zurücklehnen und die Welt vorüberziehen lassen – oder vielmehr die Menschen. Setzen Sie sich in Ihrem Lieblingscafé an einen Tisch und beobachten Sie einfach die Leute, die hereinkommen und mit ihren »Coffees to go« wieder gehen, oder die Paare, die Hand in Hand auf der Straße vorbeikommen: Sie befinden sich mitten in einer der erfolgreichsten Strategien zur Entwicklung des sozialen Bewusstseins.

Wenn Sie sich die Zeit zum Beobachten nehmen, werden Sie feststellen, dass die Menschen ihre Stimmungen erkennen lassen. Beobachten Sie, wie die Leute in einer Warteschlange im Coffeeshop, im Lebensmittelgeschäft oder an anderen öffentlichen Orten miteinander umgehen: Dies sind alles wunderbare Übungsschauplätze. Sie werden sehen, wie die Leute in Geschäften die Waren in den Regalen anschauen und in welchem Tempo sie sich bewegen. Sie können einen sicheren Abstand halten und dies als Versuchslauf nutzen, um die Körpersprache oder nonverbale Hinweise zu erkennen, die Ihnen zeigen, was die Leute fühlen oder denken.

Das Beobachten anderer Menschen ist eine sichere Art, Signale aufzunehmen, Interaktionen zu beobachten und zugrunde liegende Motivationen oder Emotionen herauszufinden, ohne selbst beteiligt zu sein. Die Fähigkeit, Stimmungen und Gefühle anderer Menschen zu erkennen, macht einen Großteil des sozialen Bewusstseins aus. Gehen Sie also kommende Woche ins Café, bestellen Sie sich ein Getränk nach Ihrem Geschmack und machen Sie es sich bequem – denn dies ist der perfekte Ort, um an Ihrem sozialen Bewusstsein zu arbeiten.

13. Lernen Sie die Regeln des Kulturspiels verstehen

Soziales Bewusstsein geht über die Fähigkeit hinaus, einfach nur die emotionalen Hinweise eines anderen Menschen zu erfassen. Nehmen wir einmal an, Sie treten eine neue Stelle in einer Firma an. Um Erfolg zu haben, müssen Sie lernen, wie die Dinge nach der dortigen Unternehmenskultur gehandhabt werden. Sie sollen sich ein Büro mit Lac Su teilen. Um mit Lac gut zurechtzukommen, werden Sie auch lernen müssen, wie Lacs kultureller und familiärer Hintergrund seine Erwartungen an Sie als Bürokollegen beeinflusst. Sie können Lacs Handeln oder seine Reaktionen erst interpretieren, wenn Sie seine Spielregeln kennen.

Welche Regeln sind hier gemeint? In Gesellschaft anderer Menschen das Richtige zu tun oder zu sagen hängt zu einem Großteil davon ab, dass man die Regeln des Kulturspiels verstanden hat. Unsere Welt ist ein Schmelztiegel äußerst unterschiedlicher Kulturen. Diese Kulturen interagieren und leben nach sehr spezifischen Regeln miteinander und schließen untereinander Geschäfte ab. Sie kommen nicht darum herum, kulturübergreifende emotionale Intelligenz zu lernen.

Das Geheimnis, um in diesem Kulturspiel zu gewinnen, sieht folgendermaßen aus: Behandeln Sie andere Menschen so, wie diese behandelt werden möchten, und nicht so, wie Sie selbst behandelt werden möchten. Hierzu ist es nötig, für jede Kultur die unterschiedlichen Regeln zu erkennen. Um die Sache noch komplizierter zu machen, gehören zu den Regeln, die Sie beobachten und beherrschen sollten, nicht nur die Regeln der ethnischen oder religiösen Kultur, sondern auch die der Familien- und Unternehmenskultur.

Wie schaffen Sie es, viele verschiedene Regeln auf einmal zu beherrschen? Der erste Schritt besteht darin, Menschen aus anderen Kulturen noch besser und länger zuzuhören sowie ihre Verhaltensweisen zu beobachten. Sammeln Sie vielfältige Beobachtungen und denken Sie nach, bevor Sie Schlussfolgerungen daraus ziehen, den Mund aufmachen und aktiv werden. Achten Sie auf Ähnlichkeiten und Unterschiede darin, wie Sie das Spiel spielen würden und wie andere spielen.

Als Nächstes stellen Sie spezifische Fragen. Dazu kann es nötig sein, außerhalb von Meetings oder am Rande solcher Meetings mit den Leuten zu reden. Viele Kulturen, sowohl ethnische als auch Unternehmenskulturen, schätzen den gesellschaftlichen Umgang bei gemeinsamen Arbeitsessen, bevor es um Geschäftliches geht. Dieser Ansatz ist durchaus klug, da soziale Interaktionen das soziale Bewusstsein für beide Seiten stärken und sie darauf vorbereiten, nach den Spielregeln zu spielen.

14. Fragen Sie nach

Selbst Menschen mit starkem sozialem Bewusstsein kennen Tage, an denen es nicht so gut klappt, oder Situationen, die sie nicht so recht verstehen. Vielleicht gibt es Ablenkungen oder Störungen durch zu viele Leute, oder räumliche Gegebenheiten, die es erschweren, das Geschehen zu interpretieren. Möglicherweise sind sie sich auch ziemlich sicher, was vor sich geht, brauchen für ihre Beobachtungen jedoch eine Bestätigung. In diesen Fällen gibt es eine Strategie des sozialen Bewusstseins, um die benötigten Antworten zu bekommen: einfach fragen.

Einfach fragen? Bedenken Sie, dass es keine dummen Fragen gibt. Ob Sie Neuling oder Experte in Sachen soziales Bewusstsein sind, wir alle brauchen irgendwann eine Bestätigung für unsere sozialen Beobachtungen. Die beste Möglichkeit festzustellen, ob Sie richtigliegen, ist, einfach zu fragen, ob das, was Sie bei Personen oder Situationen beobachten, tatsächlich zutrifft.

Vielleicht sind Sie in der Arbeit zufällig Steve begegnet und haben bemerkt, dass er finster dreinblickte, den Kopf hängen ließ und seinen Blick auf den Boden geheftet hatte. Sie fragen, wie es ihm geht, und er antwortet »gut«.

Der Augenschein sagt Ihnen etwas anderes – es scheint Steve gar nicht gut zu gehen. Stellen Sie in diesem Moment eine reflektierende Frage, um darzulegen, was Sie sehen. Sagen Sie etwas wie: »Du siehst niedergeschlagen aus, ist etwas passiert?« Einfach festzustellen, was Sie sehen (*Du siehst niedergeschlagen aus*) und eine direkte Frage zu stellen (*Ist etwas passiert?*), ist die beste Form einer reflektierenden Feststellung. Nun werden Sie wahrscheinlich das zu hören bekommen, was er für den Augenblick mitteilen möchte. Aber Sie haben ihm eine Hand gereicht und ihn wissen lassen, dass Sie sich für ihn interessieren.

Ein anderer Fragetyp, um die Richtigkeit zu prüfen, konzentriert sich auf unausgesprochene Botschaften. Da die Leute nicht immer offen und direkt sagen, was sie von einer Sache halten, geben sie meist Hinweise. Wenn Ihnen eine Nachfrage nicht unangenehm ist, bietet sich hier eine gute Gelegenheit zu sehen, ob Sie die Hinweise entdeckt und richtig verstanden haben. Außerdem erkennen Sie so mögliche Fehlinterpretationen, wenn Sie voreilige Schlüsse gezogen oder Hinweise verpasst haben.

Das Überprüfen der Richtigkeit Ihrer Beobachtungen wird Ihnen letztlich ein besseres Verständnis sozialer Situationen verschaffen und Ihnen helfen, Hinweise aufzunehmen, die normalerweise Ihr Radar nicht erreichen. Wenn Sie nicht fragen, werden Sie sich nie sicher sein.

15. Schlüpfen Sie in eine fremde Haut

Schauspieler machen es ständig – um ihren Lebensunterhalt zu verdienen, schlüpfen sie in die Haut anderer Menschen. Schauspieler verkörpern den Gemütszustand und die Motivationen ihrer Figuren und beschwören deren Emotionen und Gefühle herauf. Dabei können Schauspieler mit einer glücklichen und gesunden Kindheit absolut überzeugend hochgradig gestörte Figuren darstellen – und umgekehrt. Häufig berichten Schauspieler, dass sie die Figuren schätzen gelernt haben, die sie darstellen – selbst einen Bösewicht.

In die Haut eines anderen zu schlüpfen ist soziales Bewusstsein in Höchstform – und nicht nur Schauspielern vorbehalten. Es eignet sich für jeden, der einen Blick und ein tieferes Verständnis für andere gewinnen, seine Kommunikation verbessern und Probleme erkennen möchte, bevor sie eskalieren. Wenn Sie glauben, Sie bräuchten das nicht, überlegen Sie einmal, wann Sie das letzte Mal gedacht haben: *Hätte ich nur gewusst, wie XY sich gefühlt hat.* Wenn Sie sich das wünschen, ist es bereits zu spät. Wäre es nicht sinnvoller, XY bereits früher in dieser Situation zu verstehen?

Um diese Strategie zu üben, müssen Sie sich selbst Fragen stellen, die beginnen mit: »Wenn ich diese Person wäre … « Nehmen wir einmal an, Sie sind in einem Meeting, und jemand bringt Jim in Verlegenheit, indem er Entscheidungen infrage stellt, die Jim bei einem Projekt getroffen hat, bei dem es Probleme gab. Wären Sie derjenige, der die Fragen beantworten müsste, würden Sie dazu neigen, in die Defensive zu gehen. Aber bedenken Sie, es geht hier nicht um Sie – es geht um Jim. Schieben Sie Ihre eigenen Überzeugungen, Emotionen, Denkmuster und Verhaltensmuster beiseite – es geht darum, diese Situation in der Haut von Jim zu erleben. Fragen Sie sich: *Wenn ich Jim wäre, wie würde ich diese Frage beantworten?* Zur Beantwortung dieser Frage greifen Sie auf Ihre bisherigen Erfahrungen mit Jim zurück, um ihn besser zu verstehen: wie er in ähnlichen Situationen in der Vergangenheit reagiert hat, wie er damit umgeht, in Verlegenheit gebracht zu werden, wie er sich in Gruppen und wie im persönlichen Gespräch verhält. Was hat er gemacht, was hat er gesagt? Das sind alles entscheidende Informationen.

Wie können Sie erfahren, ob Sie ins Schwarze getroffen haben? Wenn Sie ein gutes Verhältnis zu Jim haben und der Zeitpunkt passt, gehen Sie nach dem Meeting zu ihm und fragen Sie ihn, ob Ihre Gedanken richtig sind. Wenn Sie kein so gutes Verhältnis zu Jim haben, üben Sie in einer anderen Situation mit einer anderen Person und überprüfen mit dieser Person Ihre Gedanken. Je mehr Sie üben und je mehr Feedback Sie erhalten, desto wohler werden Sie sich in der Haut anderer fühlen.

16. Ermitteln Sie das Gesamtbild

Da wir uns selbst durch unsere rosarote Brille sehen, ist die Wahrscheinlichkeit recht groß, dass wir nur einen Teil des Bildes sehen. Vorausgesetzt, Sie hätten die Gelegenheit, würden Sie sich einmal mit den Augen derer sehen wollen, die Sie am besten kennen? Dieses Feedback gibt uns die Chance, zu erfahren, wie andere uns sehen, und wir kommen dem sozialen Bewusstsein wieder ein Stück näher.

Dies verlangt *den Mut und die Stärke*, Ihre Anhänger, aber auch Ihre Kritiker einzuladen, direkt ans Eingemachte zu gehen und ehrlich mitzuteilen, wie sie Sie wahrnehmen. Was ist, wenn sie sich täuschen? Was ist, wenn sie sehr kritisch sind? Was ist, wenn sie recht haben?

Unabhängig von den Antworten sind die Wahrnehmungen der anderen bedeutsam, weil die Meinungen, die andere von Ihnen haben, Sie und Ihr Leben beeinflussen. Wenn die Leute Sie in Meetings beispielsweise als passiv wahrnehmen, während Sie einfach Zeit zum Nachdenken brauchen, bevor Sie sprechen, entsteht ein bestimmtes Bild von Ihnen. Infolgesssen wird Ihr Chef Sie möglicherweise übergehen, wenn es um eine Teamleitung geht, weil er Sie als passiv wahrgenommen hat und eben nicht als nachdenklichen Menschen.

Die beste Methode, um zu erfahren, wie andere Sie wahrnehmen, ist einfach und effektiv. Zum Thema emotionale Intelligenz können Sie eine Rundum-Umfrage an Freunde, Bekannte und Kollegen verschicken, in der Fragen zu Ihrer Selbstwahrnehmung, Ihrem Selbstmanagement, sozialen Bewusstsein und Beziehungsmanagement enthalten sind. Das Ergebnis ist ein Gesamtbild aus Ihren eigenen Wahrnehmungen und denen anderer Personen. Ob Sie es glauben oder nicht, normalerweise ist das, was andere über Sie sagen, viel genauer als das, was Sie selbst über sich denken. Egal, wie diese Wahrnehmungen aussehen, wichtig ist, dass Sie sich ihrer bewusst werden, um zu wissen, wie Sie davon geprägt werden.

Bringen Sie die Kraft auf und gewinnen Sie andere Menschen dafür, Ihnen zu helfen, sich durch deren Augen etwas besser verstehen zu lernen. Wenn Sie nicht gerade Mäuschen spielen oder sich selbst auf Video aufnehmen können, brauchen Sie genau das, um sich durch die Augen anderer in Aktion zu erleben.

17. Lernen Sie, die Stimmung in einem Raum zu erfassen

Haben Sie es erst einmal geschafft, die Hinweise und Emotionen anderer Menschen zu lesen, sind Sie so weit, die Stimmung eines ganzen Raums zu erfassen. Das mag einschüchternd klingen, aber genau das haben Sie bereits über das soziale Bewusstsein gelernt – nur eben bisher in kleinerem Maßstab.

Es gibt im Wesentlichen zwei Möglichkeiten, die Stimmung eines ganzen Raums zu erfassen. Zum einen können Sie sich alleine auf Ihr Bauchgefühl verlassen. Emotionen sind ansteckend, das heißt, sie gehen von ein oder zwei Personen aus, bis eine greifbare, kollektive Stimmung entsteht, die Sie irgendwann spüren werden. Stellen Sie sich beispielsweise vor, einen Raum mit 125 Unternehmern zu betreten, die netzwerken und Ideen austauschen. Ziemlich wahrscheinlich herrscht dort Begeisterung und positive Energie, und es wird nicht lange dauern, dies wahrzunehmen. Sie hören die Stimmlagen, den Tonfall und sehen die konzentrierte und interessierte Haltung und Körpersprache. Stellen Sie sich nun vor, einen Raum zu betreten, in dem 125 Leute darauf warten, als Geschworene ausgewählt zu werden. Im Raum ist es still, die Leute versuchen, sich durch Lesen, Musikhören und anderen Zeitvertreib abzulenken. Obwohl die Teilnahme in den USA Bürgerpflicht ist, wünscht sich kaum jemand, dort zu sein. Diese beiden Stimmungen sind so unterschiedlich wie Tag und Nacht.

Emotionen sind ansteckend, das heißt, sie gehen von ein oder zwei Personen aus, bis eine greifbare, kollektive Stimmung entsteht, die Sie irgendwann spüren werden.

Folgendermaßen können Sie die Stimmung in einem Raum aufnehmen: Beim Betreten überfliegen Sie den Raum flüchtig und beobachten, ob Sie Energie oder eine stille, gedämpfte Ruhe wahrnehmen. Achten Sie darauf, wie sich die Leute verteilen – alleine oder in Gruppen. Sprechen oder gestikulieren sie? Sind einige lebhafter als andere? Was sagt Ihnen Ihr Bauchgefühl?

Eine andere Möglichkeit, die Stimmung in einem Raum zu erfassen ist, einen erfahreneren Führer mitzubringen, ähnlich, wie Sie es auf einer Safari in Afrika tun würden. Ihr Führer sollte ein Experte in sozialem Bewusstsein sein und Lust haben, Sie anzuleiten, wie Sie Ihre Instinkte nutzen und die Stimmung im Raum aufnehmen können.

Folgen Sie Ihrem Führer wie ein Schatten und hören Sie ihm zu, wenn er beschreibt, was er fühlt und sieht. Fragen Sie ihn, was er spürt und welche Hinweise die Stimmung gegeben hat. Schließlich sollten Sie die Person sein, die die Führung übernimmt. Taxieren Sie den Raum, teilen und vergleichen Sie Ihre Gedanken mit Ihrem Führer. Durch diese Übung werden Ihnen bald ähnliche Beobachtungen gelingen, und im Lauf der Zeit können Sie es dann ganz alleine durchziehen.

Die menschliche Natur und das menschliche Verhalten sind vielleicht gar nicht so weit von dem entfernt, was in der offenen Savanne Afrikas vor sich geht. Je früher Sie Ihre Fähigkeit verbessern, Sicherheit, Besorgnis oder Stimmungsveränderungen in Gruppen zu erkennen, desto geschickter werden Sie sich durch die soziale Wildnis in Ihrem Leben manövrieren können.

8

STRATEGIEN FÜR DIE ENTWICKLUNG DES BEZIEHUNGSMANAGEMENTS

Die meisten Leute fühlen sich voller Energie und zeigen sich von ihrer besten Seite, wenn sie eine neue Beziehung eingehen (ob das eine Arbeitsstelle ist oder eine Liebesbeziehung). Bei dem Versuch jedoch, diese Beziehung langfristig zu erhalten, geraten sie ins Stolpern und verlieren den Halt. Die Flitterwochenphase geht schnell vorbei, und die Realität hält Einzug.

Die Wahrheit ist, dass an jeder Beziehung gearbeitet werden muss, selbst an einer wunderbaren, scheinbar mühelosen Beziehung. Gehört haben wir das alle, aber *verstehen* wir es auch wirklich?

Beziehungsarbeit braucht Zeit, Anstrengung und Wissen. Das Wissen ist die emotionale Intelligenz. Wenn Sie sich eine Beziehung wünschen, die lange hält und mit der Zeit wächst und in der sowohl Ihre Bedürfnisse als auch die des anderen befriedigt werden, lautet das Rezept dafür Beziehungsmanagement, die letzte Fähigkeit der emotionalen Intelligenz.

Zum Glück lassen sich die Fähigkeiten des Beziehungsmanagements lernen und machen sich die anderen drei Fähigkeiten der emotionalen Intelligenz zunutze, mit denen Sie nun bereits vertraut sind – Selbstwahrnehmung, Selbstmanagement und soziales Bewusstsein. Ihre Selbstwahrnehmung nutzen Sie, um Ihre Gefühle wahrzunehmen und um zu beurteilen, ob Ihre Bedürfnisse befriedigt werden. Ihr Selbstmanagement nutzen Sie, um Ihre Gefühle zu äußern und entsprechend zu handeln, um von der Verbindung zu profitieren. Ihr soziales Bewusstsein schließlich setzen Sie ein, um die Bedürfnisse und Gefühle des anderen besser zu verstehen.

Niemand ist eine einsame Insel, Beziehungen sind ein wesentlicher und erfüllender Teil des Lebens. Da Sie die Hälfte in einer Beziehung ausmachen, tragen Sie auch die halbe Verantwortung dafür, diese Verbindungen zu vertiefen. Die folgenden 17 Strategien werden Ihnen helfen, an den Dingen zu arbeiten, die für eine funktionierende Beziehung entscheidend sind.

STRATEGIEN FÜR DIE ENTWICKLUNG DES BEZIEHUNGSMANAGEMENTS

1. Seien Sie offen und neugierig.
2. Verbessern Sie Ihren natürlichen Kommunikationsstil.
3. Vermeiden Sie es, verwirrende Signale auszusenden.
4. Bedenken Sie die Kleinigkeiten, die es in sich haben.
5. Nehmen Sie Feedback positiv auf.
6. Bauen Sie Vertrauen auf.
7. Verfolgen Sie eine Politik der »offenen Tür«.
8. Werden Sie nur mit Sinn und Verstand wütend.
9. Stellen Sie sich dem Unvermeidlichen.
10. Erkennen Sie die Gefühle der anderen an.
11. Ergänzen Sie die Emotionen einer anderen Person.
12. Zeigen Sie, wenn Ihnen jemand etwas bedeutet.
13. Erklären Sie Entscheidungen, anstatt sie einfach nur zu treffen.
14. Äußern Sie Feedback direkt und konstruktiv.
15. Bringen Sie Absicht und Konsequenzen in Einklang.
16. Bringen Sie ein aus dem Ruder laufendes Gespräch durch eine »Erste-Hilfe-Äußerung« wieder in die Spur.
17. Packen Sie schwierige Gespräche an.

1. Seien Sie offen und neugierig

Wir können uns vorstellen, dass ein paar Leser denken werden: »Oh je, ich soll den Leuten am Arbeitsplatz gegenüber offen und neugierig sein? Kann ich nicht einfach die Arbeit erledigen, für die ich eingestellt wurde, ohne diesen gefühlsduseligen Kram?« Tatsächlich gehört es aber zu Ihrem Job, Beziehungen anzuknüpfen, aufzubauen und zu pflegen – auch wenn Sie nur mit einer einzigen Person zusammenarbeiten. Die Pflege von Beziehungen steht vielleicht nicht in Ihrer Arbeitsplatzbeschreibung und wurde möglicherweise auch nicht besprochen. Wenn Sie erfolgreich sein möchten, gehört es jedoch absolut und eindeutig zu Ihrem Job, offen und neugierig zu sein.

Was bedeutet »offen« im Sinne des Beziehungsmanagements? Offen zu sein heißt, anderen etwas über sich zu erzählen. Sie können Ihre Selbstmanagementfähigkeiten nutzen, um zu entscheiden, wie offen Sie sein und was Sie mitteilen wollen. Bei dieser Entscheidung wird Ihnen das Wissen helfen, dass Offenheit vorteilhaft ist: Wenn andere etwas über Sie wissen, bleibt weniger Raum für Fehlinterpretationen. Wenn Sie beispielsweise besonders großen Wert darauf legen, bereits fünf Minuten vor Beginn eines Meetings anwesend zu sein, und sich ärgern, wenn die Leute erst auf die Minute pünktlich oder sogar etwas verspätet erscheinen, könnten manche Sie als verkrampft und unflexibel empfinden. Wenn Sie Ihren Kollegen erzählen, dass Sie in den ersten Jahren Ihrer beruflichen Laufbahn bei der Marineinfanterie gearbeitet haben, werden die Leute Sie verstehen und vielleicht sogar Ihr Gefühl für Pünktlichkeit und Höflichkeit schätzen. Wer weiß, vielleicht wird Ihre Pünktlichkeit sogar auf den ein oder anderen abfärben!

Für das Beziehungsmanagement reicht es jedoch nicht aus, dass Sie wie ein offenes Buch sind – Sie müssen sich genauso auch für die Geschichte des anderen Menschen interessieren. Je mehr Interesse Sie an der anderen Person zeigen und über sie erfahren, desto bessere Aussichten haben Sie, deren Bedürfnissen gerecht zu werden und sie nicht falsch zu interpretieren.

Nutzen Sie Ihr soziales Bewusstsein, um die passende Gelegenheit und den richtigen Zeitpunkt zu wählen, um Fragen zu stellen. Wählen Sie wissbegierige Formulierungen – ähnlich wie der Nikolaus, der ein Kind fragt, was es sich zu Weihnachten wünscht. Das Gegenteil wären wertende Fragen – denken Sie zum Beispiel daran zurück, wie jemand Sie etwas in der Art gefragt hat wie »Warum in aller Welt haben Sie sich denn ein Motorrad gekauft?« oder »Sie haben im Hauptfach Philosophie studiert? Was wollten Sie denn damit anfangen?«.

Öffnet sich die andere Person Ihren Fragen, erfahren Sie nicht nur Dinge, die Ihnen beim Beziehungsmanagement helfen werden, sondern die andere Person wird auch das an ihr gezeigte Interesse schätzen. Zu Beginn einer neuen Beziehung, in einer bestehenden Beziehung oder auch, wenn es in einer Beziehung Turbulenzen gibt, sollten Sie sich täglich ein paar Minuten Zeit nehmen, um die Beziehungen zu erkennen, die etwas mehr Aufmerksamkeit verlangen, und diesen Menschen gegenüber offen und neugierig sein.

2. Verbessern Sie Ihren natürlichen Kommunikationsstil

Ob Sie in Gesprächen immer Ihren Senf dazugeben oder vor einer Meinungsverschiedenheit zurückschrecken: Ihr natürlicher Kommunikationsstil wirkt sich auf Ihre Beziehungen aus. Nun haben Sie die Gelegenheit, Ihre Selbstwahrnehmung, Ihr Selbstmanagement und Ihr soziales Bewusstsein zur Gestaltung Ihres natürlichen Kommunikationsstils einzusetzen.

Beschreiben Sie in einem Tagebuch oben auf einer Seite Ihren natürlichen Kommunikationsstil. Sie können ihn nennen, wie Sie möchten. Überlegen Sie, wie Ihre Freunde, Ihre Familie und Kollegen Ihren Stil erleben. Ist er direkt, indirekt, angenehm, ernst, unterhaltsam, diskret, kontrolliert, geschwätzig, intensiv, neugierig, kühl, aufdringlich? Sie wählen eine Bezeichnung, denn Sie haben wahrscheinlich schon öfter etwas darüber gehört.

Links auf der Seite tragen Sie die Vorteile Ihres natürlichen Stils ein. Es sind die Eigenschaften, die andere an Ihrer Art des Umgangs schätzen. Rechts auf der Seite tragen Sie die Nachteile oder die Eigenschaften ein, die schon zu Verwirrung, sonderbaren Reaktionen oder Problemen geführt haben.

Ist Ihre Aufstellung vollzählig, wählen Sie drei Vorteile, die Sie stärker zur Verbesserung Ihrer Kommunikation nutzen können. Anschließend wählen Sie drei Nachteile und denken darüber nach, wie Sie diese entweder eliminieren, reduzieren oder verbessern können. Seien Sie sich gegenüber ehrlich, was Sie wirklich wollen oder nicht. Wenn Sie Hilfe brauchen, um herauszufinden, was zu den besten Ergebnissen führen wird, bitten Sie einfach Freunde, Kollegen und Ihre Familie um Vorschläge. Damit geben Sie auch Ihr Vorhaben bekannt, wodurch Sie in der Verantwortung sind, es in die Tat umzusetzen.

3. Vermeiden Sie es, verwirrende Signale auszusenden

Jede Woche verlassen wir uns häufig darauf, dass uns Ampelanlagen sicher über Kreuzungen leiten. Wenn diese Ampelanlagen einmal nicht funktionieren und nur blinken, verwandelt sich die Kreuzung in einen Ort, an dem das Motto gilt: Jeder ist für sich selbst verantwortlich. Die Menschen sind verunsichert, und wenn sie an der Reihe sind, schauen sie vorsichtig nach allen Seiten, bevor sie die Kreuzung überqueren. Solange die Ampeln funktionieren, vertrauen wir auf das System, weil klar ist, was wir zu tun haben – bei Rot stehen bleiben und bei Grün weiterfahren. Dasselbe gilt für Signale, die wir den Menschen in unseren Beziehungen senden.

Gefühle sind ehrlich und finden eine Möglichkeit, mittels unserer Reaktionen und unserer Körpersprache an die Oberfläche zu kommen. Wenn Sie Ihren Mitarbeitern mit verhaltener Stimme und einem Stirnrunzeln sagen, dass sie eine tolle Produkteinführung auf die Beine gestellt haben, passt beides nicht zusammen. Worte und Körpersprache sind verwirrend. Die Menschen vertrauen eher dem, was sie sehen, als dem, was sie hören.

Die Menschen vertrauen eher dem, was sie sehen als dem, was sie hören.

Selbst wenn Sie ein guter Selbstmanager sind, kommen Ihre Emotionen an die Oberfläche. Sie erleben Tag für Tag viele Gefühle, und Ihr Gehirn kann nicht jedes einzelne zuordnen. Wenn Sie mit jemandem sprechen, sagen Sie möglicherweise etwas, was Sie im Kopf haben, während Ihr Körper auf ein Gefühl reagiert, das Sie vor ein paar Minuten empfunden haben.

Sie verwirren und frustrieren andere Menschen, wenn Sie etwas sagen, während Ihr Körper oder Tonfall etwas ganz anderes aussagt. Mit der Zeit wird diese Verwirrung zu Kommunikationsproblemen führen, die sich auf Ihre Beziehungen auswirken. Um das Problem widersprüchlicher Signale zu lösen, nutzen Sie Ihre Selbstwahrnehmung, um Ihre Emotionen zu erkennen, und Ihr Selbstmanagement, um zu entscheiden, welche Gefühle Sie wie ausdrücken wollen.

Es gibt auch Gelegenheiten, bei denen es unpassend wäre, die Signale anzugleichen. Nehmen wir an, Sie ärgern sich in einem Meeting, dürfen dieses Gefühl aber in diesem Moment keinesfalls zeigen. Stellen Sie Ihren Ärger erst einmal zurück, aber ignorieren Sie das Gefühl nicht dauerhaft. Wählen Sie den richtigen Zeitpunkt, um Ihren Ärger zu äußern, d.h. wenn diese Äußerung nicht gegen Sie arbeitet, sondern vielmehr positive Ergebnisse hervorbringt. Ist Ihre Emotion so stark, dass Sie sie einfach äußern müssen, kann es die beste Lösung sein, die Situation zu erklären (z.B. »Wenn ich abgelenkt wirke, liegt es daran, dass ich über ein Telefonat verärgert bin, das heute Vormittag schiefgelaufen ist.«).

Nehmen Sie sich vor, im kommenden Monat sehr genau darauf zu achten, Ihren Tonfall und Ihre Körpersprache auf das abzustimmen, was Sie wirklich zu sagen versuchen. Achten Sie auf Momente, in denen Sie jemandem sagen, dass es Ihnen gut geht, während Ihr Körper, Tonfall oder Verhalten völlig andere Signale sendet. Wenn Sie sich beim Aussenden verwirrender Signale ertappen, korrigieren Sie dies oder liefern Sie eine Erklärung dafür.

4. Bedenken Sie die Kleinigkeiten, die es in sich haben

In jedem Nachrichtensender, in jeder Reality Show, Sitcom oder Zeitung wird uns heute ziemlich offensichtlich vermittelt, dass Höflichkeit in der modernen Gesellschaft auf dem absteigenden Ast ist. Der Rückgang der guten Manieren bedeutet beispielsweise, dass Wertschätzung seltener geäußert wird. Heutzutage hört man in persönlichen wie auch in Arbeitsbeziehungen viel zu selten »bitte«, »danke« und »es tut mir leid«.

Die meisten Arbeiternehmer werden bestätigen, dass sie nie ein Danke für ihre Arbeit zu hören bekommen, obwohl es sich positiv auf die Moral auswirken kann, »danke«, »bitte« oder auch »es tut mir leid« gelegentlich zu hören.

Überlegen Sie einmal, wie oft Sie tatsächlich »danke«, »bitte« oder »es tut mir leid« sagen, wenn dies angebracht ist. Wenn Sie diese Worte selten verwenden, könnte es an Zeitmangel, Gewohnheit oder vielleicht sogar an einem verletzten Ego liegen. Gewöhnen Sie sich an, diese Äußerungen in Ihren Beziehungen öfter einzusetzen. Besser wäre noch, Sie würden mehrfach am Tag zu verschiedenen Menschen »danke« sagen.

5. Nehmen Sie Feedback positiv auf

Feedback ist ein einmaliges Geschenk. Es kann uns helfen, uns auf eine Art und Weise zu verbessern, auf die wir selbst vielleicht nicht kämen. Da Sie jedoch nie genau wissen, was dabei auf Sie zukommt, kann Feedback Ähnlichkeit haben mit dem Öffnen eines Geschenks, in dem Sie möglicherweise ein Paar gestreifte Socken im Tigerlook mit roten Pailletten finden.

Der Überraschungsfaktor kann uns überrumpeln, daher müssen wir zur Vorbereitung auf diesen Augenblick unsere Selbstwahrnehmung einsetzen. *Was fühle ich, wenn ich in Verlegenheit gebracht und überrascht werde? Wie zeige ich es?* Mit diesem Bewusstsein greifen Sie anschließend auf Ihr Selbstmanagement zurück: *Für welche Reaktion soll ich mich entscheiden?*

Um Feedback positiv aufzunehmen, müssen Sie es aufschlüsseln. Betrachten Sie zuerst die Quelle, aus der Ihr Feedback stammt. Wahrscheinlich hat diese Person eine relevante Sichtweise – er oder sie kennt Sie und hat Ihre Leistung wahrgenommen und Interesse daran, dass Sie sich verbessern.

Wenn Sie eine Rückmeldung erhalten, schalten Sie Ihr soziales Bewusstsein ein und hören Sie zu, was gesagt wird. Stellen Sie klärende Fragen und bitten Sie um Beispiele, um die Sichtweise dieser Person besser zu verstehen. Ob Sie dem Gesagten zustimmen oder nicht, es ist wichtig, der Person für ihre Bereitschaft, Ihnen dies mitzuteilen, zu danken, denn es erfordert ebenso viel Respekt, ein Feedback zu geben, wie eins zu erhalten.

Nachdem Sie das Feedback erhalten haben, nutzen Sie Ihre Fähigkeiten im Selbstmanagement, um über Ihre nächsten Schritte zu entscheiden. Fühlen Sie sich nicht unter Druck, sofort aktiv zu werden. Etwas Zeit kann Ihnen helfen, den entscheidenden Punkt zu erkennen, Ihre Gefühle und Gedanken zu sortieren und zu entscheiden, wie Sie mit diesem Feedback umgehen wollen. Erinnern Sie sich an die Gegenüberstellung von Emotionen und Verstand?

Ein Feedback zu bekommen ist wahrscheinlich der schwierigste Teil des Verfahrens. Haben Sie entschieden, was Sie mit dem

Feedback anfangen wollen, verfolgen Sie entsprechende Pläne weiter. Wenn Sie tatsächlich Anpassungen an Ihrem Verhalten vornehmen, zeigt es der Person, die Ihnen eine Rückmeldung gegeben hat, dass Sie ihre Kommentare wertschätzen.

Nehmen Sie ein Feedback immer ernst und probieren Sie aus, was man Ihnen vorschlägt. Es gibt kaum einen besseren Weg, um Ihre Beziehung zu dieser Person zu festigen.

6. Bauen Sie Vertrauen auf

Sind Sie jemals aufgefordert worden, Vertrauen zu »üben«? Die Übung sieht folgendermaßen aus: Sie haben einen Partner und stehen mit etwa einem Meter Abstand mit dem Rücken zu ihm. Sie schließen die Augen, zählen bis drei und lassen sich nach hinten fallen, sodass die andere Person Sie auffangen kann. Wurden Sie aufgefangen, sind alle Anwesenden dankbar, dass niemand gestürzt ist. Wenn Vertrauen doch nur immer eine Frage guter, kräftiger Arme und eines guten Standvermögens wäre!

Ein unbekannter Autor hat einmal gesagt: »Vertrauen ist eine sonderbare Quelle, je mehr man daraus entnimmt, desto voller wird sie.« Vertrauen braucht Zeit zum Wachsen, kann innerhalb von Sekunden verloren gehen und ist vielleicht unser wichtigstes und am schwersten zu erreichende Ziel in einer Beziehung.

Wie entsteht Vertrauen? Durch offene Kommunikation, durch die Bereitschaft zu teilen, durch Beständigkeit in Worten, Taten und Verhalten und durch zuverlässiges Einhalten von Vereinbarungen innerhalb der Beziehung. Paradoxerweise muss bei den meisten Beziehungen bereits ein gewisses Vertrauen vorhanden sein, damit sich größeres Vertrauen entwickeln kann.

»Vertrauen ist eine sonderbare Quelle, je mehr man daraus entnimmt, desto voller wird sie.«

Nutzen Sie zum Aufbau von Vertrauen Ihre Selbstwahrnehmung und Ihr Selbstmanagement, um als Erste(r) Ihre Karten auf den Tisch zu legen und etwas über sich mitzuteilen. Vergessen Sie nicht, dass Sie immer nur einzelne Informationen mitteilen sollten; fühlen Sie sich nicht verpflichtet, gleich ein völlig offenes Buch zu sein.

Für Ihr Beziehungsmanagement ist es nötig, dass Sie Vertrauen in andere aufbauen. Es ist für eine Vertiefung Ihrer Verbindung mit anderen entscheidend, dass andere in Sie Vertrauen haben. Beziehungspflege und Vertrauensaufbau brauchen Zeit. Bestimmen Sie die Beziehungen in Ihrem Leben, die mehr Vertrauen brauchen, und nutzen Sie Ihre Selbstwahrnehmung, um sich zu fragen, was fehlt. Nutzen Sie Ihr soziales Bewusstsein, um die andere Person zu fragen, was ihrer Meinung nach für mehr Vertrauen nötig wäre – und hören Sie der Antwort gut zu. Diese Fragen zeigen, dass Ihnen an der Beziehung etwas liegt, was zum Aufbau von Vertrauen beiträgt und die Beziehung vertieft.

7. Verfolgen Sie eine »Politik der offenen Tür«

Eine kurze Geschichtsstunde: Die »Politik der offenen Tür« entwickelte sich 1899, als die Vereinigten Staaten fürchteten, ihre Handelsprivilegien in Asien zu verlieren. Die USA erklärten eine Politik der offenen Tür, die allen Handelsnationen Zugang auf den chinesischen Markt erlaubte.

Die Worte Zugang und Zugänglichkeit beschreiben das Prinzip der offenen Tür sehr treffend. Das Beispiel aus dem Bereich der Handelsvereinbarungen lässt sich ebenso gut auf den Arbeitsplatz anwenden. Eine Politik der offenen Tür erlaubt jedem Angestellten, mit jedem anderen Kollegen zu sprechen, über alle Hierarchieebenen hinweg. Dies fördert eine direkte Kommunikation in alle Richtungen.

Fragen Sie Ihre Umgebung, ob Sie für ein besseres Beziehungsmanagement den Grundsatz der offenen Tür übernehmen sollten. Wenn Sie zugänglicher werden möchten und anderen signalisieren wollen, dass sie sich mit Ihnen spontan und zwanglos unterhalten können, kann diese Strategie genau das Richtige für Sie sein.

Denken Sie daran, dass Sie sich nicht selbst überfordern müssen, um jederzeit für jeden da zu sein. Teilen Sie einfach Ihren Grundsatz mit und halten Sie dann auch daran fest. Nutzen Sie Ihre Selbstwahrnehmung, um festzustellen, wie diese Strategie bei Ihnen funktioniert, und sorgen Sie durch Ihr Selbstmanagement dafür, dass sie funktioniert. Permanente Beobachtungen anderer, auch bekannt als soziales Bewusstsein, sollten Ihnen ebenfalls bei der Beurteilung helfen, wie gut es funktioniert.

Bedenken Sie, dass sich Ihre Beziehungen durch Ihre bessere Zugänglichkeit in jedem Fall nur verbessern können – Sie öffnen der Kommunikation buchstäblich die Tür, auch wenn dies virtuell geschieht (per E-Mail oder Telefon). Die Leute werden sich geschätzt und respektiert fühlen, weil Sie ihnen Zeit widmen. Im Gegenzug erfahren Sie einiges über andere Personen. Letztlich ist diese Strategie also ein Gewinn für alle Beteiligten.

8. Werden Sie nur mit Sinn und Verstand wütend

»Jeder kann wütend werden – das ist einfach. Aber gegenüber der richtigen Person, im richtigen Maß, zum richtigen Zeitpunkt, mit der richtigen Zielsetzung und auf die richtige Art wütend zu werden ist alles andere als einfach.«

Wir können dem griechischen Philosophen Aristoteles nur dankbar sein für diese Worte und die bleibende Erkenntnis für das Management unserer Emotionen und Beziehungen. Wenn Sie diesen Punkt meistern, ist das ein erfolgreicher Schritt auf dem Weg zur emotionalen Intelligenz. Wut ist eine Emotion, für die es einen bestimmten Grund gibt – Wut ist kein Gefühl, das unterdrückt oder ignoriert werden sollte. Wenn es Ihnen gelingt, mit Wut richtig umzugehen und sie zweckbestimmt einzusetzen, können dabei Ergebnisse herauskommen, die Ihre Beziehungen verbessern.

Denken Sie an den Fußballtrainer, der in der Halbzeitpause die Sache auf den Punkt bringt. Sein strenges Feedback fesselt die Aufmerksamkeit seiner Spieler. Das Team geht erfrischt, konzentriert und siegesbereit auf den Platz zurück. In diesem Fall hat der Trainer seine Emotionen so eingesetzt, dass sie andere zum Handeln motiviert haben. Wenn Sie Ihren Ärger in angemessener Weise ausdrücken, vermitteln Sie damit Ihre starken Gefühle und erinnern die Leute an den Ernst der Lage. Wenn Sie Ihre Verärgerung hingegen zu stark oder zum falschen Zeitpunkt äußern, werden die anderen für Ihre Gefühle unsensibel, und Sie werden womöglich nicht ernst genommen.

Es braucht Zeit, eine so starke Emotion wie die Wut erfolgreich zum Vorteil Ihrer Beziehungen einzusetzen, weil Sie hoffentlich nicht täglich Gelegenheiten zum Üben bekommen. Diese Strategie verlangt eine Menge an Vorbereitung hinter den Kulissen, was damit beginnt, dass Sie sich Ihrer Wut bewusst werden müssen.

Nutzen Sie Ihre Selbstwahrnehmung, die verschiedenen Abstufungen von Ärger und Wut zu definieren – angefangen bei Dingen, die Sie nur geringfügig ärgern, bis zu solchen, die Sie wirklich auf die Palme bringen. Schreiben Sie alles auf und wählen Sie dafür spezifische Worte, notieren Sie anschließend Beispiele, um zu erklären, wann Sie sich so fühlen. Definieren Sie, wann Sie Ihren Ärger zeigen sollten, ausgehend von dem Kriterium, dass dies die Beziehung tatsächlich irgendwie verbessern kann. Nutzen Sie Ihr soziales Bewusstsein, um über die anderen Betroffenen und deren Reaktionen nachzudenken.

Beim Beziehungsmanagement geht es darum, Entscheidungen mit dem Ziel zu treffen, eine ehrliche und tiefe Verbindung zu anderen aufzubauen. Dies verlangt, mit anderen und sich selbst aufrichtig zu sein, was manchmal bedeutet, Wut zielgerichtet einzusetzen.

9. Stellen Sie sich dem Unvermeidlichen

Eine Kollegin und Sie arbeiten in derselben Versandabteilung und Warenannahme. Sie geht Ihnen wirklich auf die Nerven. Wenn Sie nur einen Knopf zu drücken bräuchten, um sie in eine andere Abteilung zu zaubern, wäre dies bereits vor fünf Jahren geschehen. Das Problem ist nur, dass es keinen solchen Knopf gibt und keine Aussicht auf Veränderung besteht. Um allem die Krone aufzusetzen, hat Ihr Chef Ihnen beiden ein großes Projekt zugeteilt, an dem Sie gemeinsam arbeiten sollen. Ihre Kollegin schlägt vor, dass sie sich zum Mittagessen treffen, um über die nächsten Schritte zu sprechen, aber Sie präsentieren rasch eine Reihe von Gründen, warum das nicht geht. Was nun? Sie stehen noch ganz am Anfang, es gibt dieses Projekt, und Sie müssen besprechen, wie Sie zusammenarbeiten können.

Hier sind Fähigkeiten im Beziehungsmanagement absolut erforderlich, denn egal, ob Sie die Kollegin mögen, Sie sind nun einmal gemeinsam für das Projekt verantwortlich. Die Grundstrategie ist: Stellen Sie sich der Person und der Situation. Akzeptieren Sie die Umstände und nutzen Sie Ihre emotionale Intelligenz, um weiterzukommen.

Sie müssen Ihre Emotionen beobachten und entscheiden, wie Sie damit umgehen. Da es nicht nur um Sie geht, aktivieren Sie Ihr soziales Bewusstsein ins Gedächtnis, um Ihre Kollegin mitzuberücksichtigen und in Ihre Haut zu schlüpfen. Treffen Sie sich mit ihr, um zu hören, welche Erfahrung sie anzubieten hat und wie ihre Präferenzen für die Zusammenarbeit mit Ihnen bei diesem Projekt aussehen. Beobachten Sie ihre Körpersprache, um zu sehen, wie sie auf Sie reagiert. Vielleicht frustrieren Sie sie ebenso sehr wie umgekehrt! Das mag etwas verletzend sein, aber so legen Sie vielleicht den Grundstein für eine vernünftige Arbeitsbeziehung.

Teilen Sie als Nächstes Ihre Präferenzen für die Durchführung des Projekts mit und kommen Sie zu einer Einigung. Sie müssen Ihrer Kollegin nicht erzählen, dass Sie nichts für sie übrighaben – stattdessen können Sie sagen, dass Sie es vorziehen würden, selbstständig einzelne Teile des Projekts zu bearbeiten und sich dann gelegentlich zu treffen, um sicherzustellen, dass Sie beide auf dem richtigen Weg sind. Stimmt Ihre Kollegin zu, ist der Arbeitsablauf damit festgelegt. Ist sie nicht einverstanden, sind noch mehr Selbstmanagement und soziales Bewusstsein nötig, um zu einer Einigung zu kommen.

Sollten Sie im weiteren Verlauf einmal frustriert sein (und dafür stehen die Chancen gut), fragen Sie sich selbst, warum das so ist, und entscheiden Sie, wie Ihr Selbstmanagement am besten aussehen könnte. Beim nächsten Treffen mit Ihrer Kollegin gehen Sie eine Stufe zurück und erinnern sich gegenseitig an das Ziel des Projekts. Finden Sie nach Abschluss des Projekts eine Möglichkeit, anzuerkennen, was Sie beide gemeinsam vollbracht haben.

10. Erkennen Sie die Gefühle des anderen an

Sollten Sie für Ihr schlechtes Beziehungsmanagement bekannt sein, kann diese Strategie zur Entwicklung der emotionalen Intelligenz bestens geeignet sein, eine Verbesserung zu erreichen. Stellen wir uns einmal vor, Sie fahren eines Morgens auf den Firmenparkplatz und sehen, wie Ihre Kollegin Jessie, die nur mit Mühe ihre Tränen zurückhält, aus ihrem Auto steigt. Sie fragen sie, ob alles in Ordnung ist, und sie verneint. Sie antworten: »Na ja, die Arbeit wird Sie ablenken. Wir sehen uns drinnen.« Dann wundern Sie sich, dass sie Ihnen den Rest des Tages aus dem Weg geht.

Eine Lösung für den guten Umgang mit Beziehungen ist, sich dem eigenen Unbehagen zu stellen und einen Moment lang die Gefühle anderer Menschen anzuerkennen, anstatt sie zu verdrängen oder verändern zu wollen. Ein »Es tut mir leid, dass Sie durcheinander sind, was kann ich tun?« würde Jessie zeigen, dass Sie ihr selbstverständlich Taschentücher geben, falls sie zu weinen beginnt. Solche einfachen Aktionen erkennen Emotionen an, ohne eine große Sache daraus zu machen, ohne sie zu verniedlichen oder abzutun. Jeder Mensch hat das Recht auf seine Gefühle und dass diese respektiert werden, auch wenn Sie persönlich vielleicht völlig anders empfinden.

Um Gefühle anderer anzuerkennen wollen wir noch einmal das Beispiel mit Jessie heranziehen. Nutzen Sie Ihr soziales Bewusstsein, um ihr aufmerksam zuzuhören, und fassen Sie das Gehörte zusammen. Das zeigt nicht nur Ihre guten Fähigkeiten als Zuhörer, sondern auch, dass Sie im Beziehungsmanagement erfahren sind, weil Sie einen freundlichen Kontakt aufnehmen und zeigen, dass Sie sich Gedanken machen und Interesse an ihr haben. Letztlich werden Sie zu Jessie einen besseren Draht haben – und dafür war nicht mehr nötig, als kurze Zeit aufmerksam zu sein und ihre Gefühle wahrzunehmen.

11. Ergänzen Sie die Emotionen einer anderen Person

Wenn Sie Ihren Energieversorger in aller Ruhe anrufen, um einen falsch berechneten Beitrag auf Ihrer monatlichen Abrechnung korrigieren zu lassen, werden Sie voraussetzen, dass der Mitarbeiter im Kundenservice hilfsbereit, freundlich und höflich auf Ihr Anliegen eingeht.

Nehmen wir einmal an, Sie haben schlechte Laune und tätigen den Anruf. Sie sind wegen dieses Irrtums gereizt, aufgeregt und verärgert. Zehn Minuten verbringen Sie zudem in der Warteschleife, was die Sache auch nicht besser macht. Der Mitarbeiter im Kundenservice, der schließlich Ihren Anruf entgegennimmt, kann Ihrer Stimme Ihre Laune entnehmen. Er antwortet Ihnen seriös und klingt, als wolle er das Problem schnell lösen. Sie schätzen die Professionalität und den Service, streichen das Problem von Ihrer Liste und wenden sich anderen Dingen zu. Dieser Mitarbeiter im Kundenservice versteht es geschickt, Hinweise wahrzunehmen und sich anzupassen, um Sie schnell und problemlos zu bedienen – was dem Kunden und auch der Firma nützt. Durch seinen hohen EQ ist er gut einsetzbar und arbeitsmarkttauglich.

Er hat hier eine Strategie des Beziehungsmanagements eingesetzt: Er hat zugehört, war präsent, ist in die Haut einer anderen Person geschlüpft und hat eine geeignete und ergänzende Reaktion gewählt. Dieser letzte Faktor, das Wählen einer ergänzenden Reaktion, verlangt nicht, dass Sie Emotionen spiegeln oder sich ihnen anpassen; es wäre nicht sinnvoll, wenn der Kunden servicemitarbeiter denselben ungeduldigen Ansatz wählen würde wie Sie, weil Sie dadurch nur noch wütender werden. Das Spiegeln von Emotionen würde Kollegen und Freunde ebenfalls vor den Kopf stoßen. Eine ergänzende Reaktion besagt immer, dass Sie erkennen, wie der andere sich fühlt, und dass Sie seine Emotionen ernst nehmen.

Zum Üben ergänzender Emotionen in Ihren Beziehungen denken Sie an ein oder zwei Situationen zurück, die ziemlich eindeutig waren und an denen mindestens eine weitere Person beteiligt war. Wie reagierte diese Person auf Sie? Hat ihre Reaktion Ihnen in Ihrer Stimmung geholfen oder Sie eher verletzt? War die Person in der Lage, ergänzend zu Ihrem emotionalen Zustand zu wirken? Sobald Sie diese Fragen beantworten können, sind Sie an der Reihe, sich darauf zu konzentrieren, die Emotionen anderer Menschen zu ergänzen. Stehen Sie ein oder zwei Wochen für die Menschen in Ihren engsten Beziehungen bereit – die Menschen am Arbeitsplatz oder zu Hause. Sagen Sie sich, dass Ihre Rolle darin besteht, die Stimmungen Ihrer Kollegen und Familienmitglieder wahrzunehmen und ihnen hilfreich zur Verfügung zu stehen. Ob sie nun aufgeregt oder betroffen sind, Sie werden damit auf jeden Fall zeigen, dass Sie sensibel sind und wichtig nehmen, was die anderen erleben.

12. Zeigen Sie, wenn Ihnen jemand etwas bedeutet

Dies ist eine wahre Geschichte für ehrgeizige Manager in aller Welt, die einen hohen EQ anstreben. Eines Morgens fuhr ich etwas angeschlagen im Aufzug zu meinem Arbeitsplatz hinauf, um einen neuen Arbeitstag zu beginnen. Am Vorabend war es spät geworden. Ich war lange geblieben, um ein paar Projekte für meine Chefin abzuschließen. Als ich zu meinem Büro kam, sah ich dort ein Gebäckstück mit einer Karte, auf der stand: »Vielen Dank für die Fleißarbeit.« Es war von meiner Chefin, die bereits sehr damit ausgelastet ist, Arbeit und Familie unter einen Hut zu bringen. Ich war sprachlos, dass sie ein paar Minuten gefunden hatte, um für mich Schleckermäulchen zum Bäcker zu gehen, und so früh ins Büro gekommen war, dass sie mir das Gebäck auf meinen Schreibtisch legen konnte. Beinahe hätte ich wegen dieser Aufmerksamkeit geweint.

Das sind die kleinen Dinge, die viel bewirken. Dieses Gebäck motivierte mich zu noch fleißigerem Arbeiten voller Zufriedenheit und Loyalität.

Diese Geschichte hört man in vielen Versionen, die Strategie ist jedoch immer dieselbe. Jeden Tag sind Sie von Leuten umgeben, die großartige Arbeit leisten. Wenn Ihnen das etwas bedeutet, zeigen Sie es. Zögern Sie nicht und verschieben Sie es nicht auf nächste Woche. Tun Sie noch diese Woche oder sogar heute etwas. So einfache Dinge wie eine Grußkarte oder etwas anderes Preiswertes, aber dennoch Vielsagendes, was Ihr Gefühl zusammenfasst, reichen bereits aus, um Wirkung zu zeigen und eine Beziehung zu stärken.

13. Erklären Sie Entscheidungen, anstatt sie einfach nur zu treffen

Es ist beängstigend, bei völliger Dunkelheit an einem unbekannten Ort zu sein. Typisches Beispiel: Sind Sie schon mal zum Zelten gefahren und kamen aber erst bei Dunkelheit an Ihrem Zielort an? Es ist schwierig, sich zurechtzufinden, Sie stellen im Dunkeln ein Zelt auf, und da Sie sich in der Wildnis befinden, ist alles unheimlich ruhig und schwarz. Sie finden kaum Schlaf und hoffen das Beste.

Am nächsten Morgen wachen Sie müde auf, öffnen den Reißverschluss Ihres Zelts und sind erstaunt über die Schönheit, die Sie umgibt: Wasser, Berge, von Bäumen gesäumte Wanderwege und niedliche kleine Tiere in Hülle und Fülle. Nichts, wovor man Angst haben müsste – bald haben Sie die Ängste der zurückliegenden Nacht vergessen und beginnen Ihren Tag. Aber weshalb waren Sie eigentlich so besorgt?

Der einzige Unterschied zwischen diesen beiden Szenarien ist das Licht – es ist derselbe Ort, und Sie sind mit denselben Leuten und derselben Ausrüstung da. Genau das erleben Menschen, wenn über ihren Kopf hinweg Entscheidungen getroffen werden. Werden Sie, absichtlich oder nicht, über bevorstehende Entlassungen, Vertragsverhandlungen und Ähnliches im Dunkeln gelassen, gleicht das dem Aufschlagen eines Zelts in der Dunkelheit. Gibt es Entlassungen, die Ihre Arbeitsbelastung vergrößern oder Ihre Schicht verändern, erfahren Sie dies erst, wenn die blauen Briefe verteilt werden. Ändern sich die steuerlichen Abgaben, sehen Sie dies auf Ihrer Gehaltsabrechnung. Es gibt keine Handhabe dagegen und auch keine Versuchsphase. Es ist eine beschlossene Sache.

Das ist eine bittere Pille, denn wir sind weder Kinder noch Abhängige, wir sind Erwachsene. Um eine Entscheidung unterstützen zu können müssen wir verstehen, warum sie getroffen wurde.

Wenn Sie Ihre emotionale Intelligenz für Ihr Beziehungsmanagement einsetzen, sollten Sie dies immer bedenken. Anstatt etwas zu verändern und zu erwarten, dass die anderen es einfach akzeptieren, nehmen Sie sich besser die Zeit, das *Warum* hinter der

Entscheidung samt möglicher Alternativen zu erklären und darzulegen, warum die letztlich getroffene Entscheidung am sinnvollsten ist. Noch besser ist es, wenn Sie vorab um Ideen und Vorschläge bitten können. Räumen Sie schließlich auch ein, wie sich die Entscheidung auf jeden Einzelnen auswirken wird. Die Leute schätzen diese Transparenz und Offenheit, auch wenn sie von der Entscheidung negativ betroffen sein werden. Transparenz und Offenheit geben den Leuten das Gefühl, dass man ihnen vertraut, sie respektiert und sie Teil ihres Unternehmens sind – anstatt nur gesagt zu bekommen, was sie tun sollen, und ansonsten im Dunkeln stehen gelassen zu werden.

Falls Sie es gewohnt sind, Entscheidungen schnell und selbstständig zu treffen, verfügen Sie wahrscheinlich über eine hohe persönliche Kompetenz. Auch wenn alte Gewohnheiten schwer auszumerzen sind, da sie in Ihrem Gehirn einprogrammiert sind, ist es an der Zeit für eine Neuprogrammierung und für die Aufnahme der sozialen Kompetenz in Ihr Entscheidungsrepertoire.

Zuerst werden Sie sich einen Überblick über bevorstehende Entscheidungen verschaffen müssen. Nehmen Sie Ihren Kalender zur Hand und schauen Sie, welche Entscheidungen in den kommenden drei Monaten anstehen. Überlegen Sie, welche Mitarbeiter von diesen Entscheidungen betroffen sein werden. Erstellen Sie eine vollständige Liste dieser Mitarbeiter und planen Sie, wann und wo Sie mit ihnen auch über die Details sprechen, erklären werden, *warum* und *wie* jede Entscheidung getroffen wird. Falls Sie einige Leute zu diesem Zweck eigens zu einem Meeting einladen müssen, tun Sie das. Bei der Planung Ihrer Tagesordnung und Ihrer Worte nutzen Sie Ihr soziales Bewusstsein, um in die Haut der anderen zu schlüpfen, sodass Sie mit Ihren Zuhörern vor und nach der Entscheidung so sprechen können, wie diese es erwarten und erhoffen.

14. Äußern Sie Feedback direkt und konstruktiv

Überlegen Sie, was das beste Feedback war, das Sie je erhalten haben. Sie hatten es sich nicht unbedingt gewünscht oder es erwartet, aber es hat Ihr weiteres Verhalten positiv verändert. Dieses Feedback hat vielleicht Ihre Gesamtleistung beeinflusst oder die Art und Weise, in der Sie eine besondere Situation oder sogar Ihre berufliche Laufbahn angehen. Was hat dieses Feedback so gut gemacht?

Wenn Sie dafür zuständig sind, Feedback zu geben, gibt es mehrere Ratgeber, die Sie durch diesen Vorgang leiten und dafür sorgen, dass alles innerhalb der gesetzlichen Richtlinien und der Personalrichtlinien erfolgt. Allerdings macht das Befolgen der gesetzlichen Richtlinien ein Feedback noch nicht zu einer Erfahrung, die eine Leistung oder einen Menschen verändert. Das geschieht nur, wenn Sie Ihre emotionale Intelligenz in Ihr Feedback einfließen lassen.

Denken Sie in folgender Art und Weise über ein Feedback und den EQ nach – ein Feedbackgespräch ist ein beziehungsbildendes Ereignis und verlangt, dass Sie alle vier Fähigkeiten der emotionalen Intelligenz einsetzen. Nutzen Sie Ihre Selbstwahrnehmung, um Ihre Gefühle im Zusammenhang mit dem Feedback zu erkennen. Ist Ihnen der Vorgang angenehm? Warum oder warum nicht? Als Nächstes nutzen Sie Ihre Fähigkeiten im Selbstmanagement, um zu entscheiden, was Sie mit den Erkenntnissen aus diesen Fragen anfangen sollen. Sollten Sie sich beispielsweise Gedanken machen, wie Sie ein Feedback über die Etikette beim Telefonieren abgeben, weil Sie Angst haben, die Leute könnten meinen, Sie lauschten ständig: Wie können Sie diese Angst ablegen und selbstbewusst Feedback geben? Es liegt bei Ihnen, aber lassen Sie Ihr Unbehagen nicht die Führung übernehmen.

Ein Feedbackgespräch ist ein beziehungsbildendes Ereignis und verlangt, dass Sie alle vier Fähigkeiten der emotionalen Intelligenz einsetzen.

Als Nächstes aktivieren Sie Ihr soziales Bewusstsein, um an die Person zu denken, die das Feedback erhalten wird. Bedenken Sie, dass sich dieses Feedback mit einem Problem, nicht mit der Person befassen soll. Wie muss die/der Betroffene Ihre Botschaft hören, damit diese klar, direkt, konstruktiv und respektvoll wirkt? Ein konstruktives Feedback besteht aus zwei Teilen: aus dem Mitteilen Ihrer Meinung und dem Anbieten von Lösungen. Nehmen wir als Beispiel Todd: Er ist selbst sehr direkt in seinen Aussagen, d.h. ein Beschönigen der Tatsache, dass er seine Umgangsformen bei Telefonaten verbessern muss, würde ihn eher beleidigen. Jetzt ist es Ihre Aufgabe zu überlegen, wie Sie Todd Ihr Feedback mit und ohne »Zuckerguss« geben, damit er den Unterschied hören und daraus etwas lernen kann.

Schauen wir uns noch ein anderes Beispiel an. Jenni ist eine sehr empfindsame Person. Da es sich um eine beziehungsbildende Maßnahme handelt, sollten Sie die Persönlichkeit von Jenni bei der Planung des Feedbacks vor Augen haben. Die Verwendung von »Weichspülern« wie »ich denke« oder »ich glaube« oder »dieses Mal« zu Beginn einer Äußerung können die Kritik abmildern. Anstatt zu sagen »Ihr Bericht ist schrecklich« sagen Sie: »Ich glaube, einige Teile Ihres Berichts könnten eine Überarbeitung vertragen. Soll ich einige Vorschläge mit Ihnen durchgehen?« In diesem Fall ist es hilfreich, Verbesserungsvorschläge anzubieten. Zum Schluss fragen Sie Jenni nach ihren Gedanken und bedanken sich für die Bereitschaft, Ihre Vorschläge in Betracht zu ziehen.

15. Bringen Sie Absicht und Konsequenzen in Einklang

Nehmen wir einmal an, Sie sind in einer Teambesprechung und der nächste Punkt auf der Tagesordnung soll klären, warum einige wichtige Fristen nicht eingehalten wurden. Nach einigem Hin und Her sieht es so aus, als sei Anna teilweise dafür verantwortlich – und die Stimmung wird angespannt. Bei dem aufrichtigen Versuch, die Stimmung zu heben, sagen Sie etwas wie: »Tja, Anna – schaut ganz so aus, als würden diese verlängerten Mittagspausen sich jetzt rächen!«

Anstatt Gelächters herrscht Grabesstille. Sie verstehen nicht, was Sie falsch gemacht haben, und sagen später zu Anna: »Ich wollte doch nur einen Scherz machen«, aber sie scheint beleidigt zu sein. Das sind die berühmten letzten Worte von jemandem, der gute Absichten hatte, ohne sich deren Konsequenzen zu überlegen. Aber dann ist es meistens zu spät.

Oder denken Sie an die ergebnisorientierte Managerin, die ihr Team mit guten Absichten zur Erreichung immer höherer Ziele führen möchte. Sie ist so auf den Erfolg konzentriert, dass sie sich völlig ihrer Arbeit verschreibt (und das Meiste selbst erledigt oder alle antreibt, es ihr gleichzutun) – und gleichzeitig fehlt ihr jegliches Wissen, wie Teamarbeit zu organisieren ist. Bei ihrem Team gilt sie als strenge Mikromanagerin, die ihr Wissen nicht teilt und von ihrem Team nur erwartet, von ihr zu lernen und erfolgreich zu sein. Auch hier sind die Absichten gut, führen aber zum entgegengesetzten Resultat. Die Stimmung im Team ist getrübt, und die Managerin weiß nicht, warum.

Wenn Sie feststellen, dass Sie häufig Dinge wieder ins Lot bringen müssen, um eine Beziehung zu reparieren, oder unsicher sind, was in Ihren Beziehungen falsch läuft, machen Sie sich klar, dass solche Situationen vermeidbar sind. Mithilfe Ihrer emotionalen Intelligenz werden Sie durch kleine Anpassungen entscheidende Veränderungen erreichen.

Nutzen Sie Ihr soziales Bewusstsein und Ihr Selbstmanagement, um Ihre Worte und Taten auf Ihre Absichten abzustimmen. Beobachten Sie hierzu die Situation und die beteiligten Personen, denken Sie nach, bevor Sie sprechen oder handeln, und reagieren Sie angemessen und sensibel. Führen Sie eine Schnellanalyse durch. Denken Sie an eine Situation, in der das Resultat dessen, was Sie gesagt oder getan haben, nicht Ihrer Absicht entsprach. Beschreiben Sie auf einem Stück Papier den Vorfall, Ihre Absichten, Ihr Handeln und die Auswirkung – das Endergebnis oder die Reaktion anderer. Dann schreiben Sie auf, was Sie in der Situation nicht bemerkt hatten, und notieren Sie, was Sie heute in der Rückschau verstehen, notieren Sie Hinweise, die Ihnen entgangen waren, und was Sie über sich selbst und über andere gelernt haben. Beantworten Sie schließlich, was Sie anders hätten machen können, um Ihre Absicht und das Ergebnis aufeinander abzustimmen. Wenn Sie unsicher sind, fragen Sie jemanden, der an der Situation beteiligt war.

In Annas Fall hatten Sie nicht gemerkt, dass der Zeitpunkt für diesen Scherz falsch war. Anna war dadurch auf den heißen Stuhl geraten. Das nächste Mal werden Sie die Stimmung heben, indem Sie über sich selbst scherzen, nicht über andere. Die ergebnisorientierte Managerin merkte nicht, was ihre Teammitglieder motivieren würde. Sie ließ ihnen keinen Raum und keine Zeit, selbstständig etwas zu lernen und daran zu wachsen. Zur Verbesserung Ihres Beziehungsmanagements ist es entscheidend, fehlerhafte Ausrichtungen zu bemerken, bevor Sie agieren, um Ihr Handeln dann Ihren guten Absichten anzupassen.

16. Bringen Sie ein aus dem Ruder laufendes Gespräch durch eine »Erste-Hilfe-Äußerung« wieder in die Spur

Airline-Mitarbeiter sind häufig die Überbringer unvermeidlicher schlechter Nachrichten – wetterbedingte Verspätungen, technische Probleme, verloren gegangene Gepäckstücke, Überbuchung ... Die Liste ließe sich endlos fortsetzen. Airline-Mitarbeiter versuchen, die schlechte Stimmung Ihrer Kunden durch schnelle Abhilfe oder eine Bonusleistung wie Umbuchungen und Gutscheine zu reparieren, sodass sie möglichst schnell ihr Ziel erreichen.

Man kann sicher davon ausgehen, dass jeder von uns bereits Gespräche geführt hat, in denen wir eine solche Erste-Hilfe-Maßnahme gebraucht hätten. Eine einfache Diskussion eskaliert zu einer Unstimmigkeit oder dreht sich im Kreis. Bei solchen Gesprächen, die aus dem Ruder laufen, werden vielleicht Fehler aus der Vergangenheit an die Oberfläche geholt, bedauerliche Kommentare werden gemacht, und Vorwürfe stehen im Raum. Egal, wer was gesagt hat oder wer »angefangen« hat, es ist an der Zeit, sich neu zu fokussieren und schnelle Abhilfe zu schaffen. Irgendjemand muss einen Schritt zurücktreten, die Situation rasch einschätzen und anfangen, das Gespräch mit einer Erste-Hilfe-Äußerung zu retten.

Damit dies gelingt, müssen Sie Vorwürfe beiseitelassen und sich auf die Reparatur konzentrieren. Möchten Sie recht behalten oder wollen Sie eine Lösung? Nutzen Sie Ihre Selbstwahrnehmung, um zu sehen, was Sie zu der Situation beitragen; greifen Sie auf Ihr Selbstmanagement zurück, um Ihre typischen Verhaltensweisen zu kontrollieren und den besten Weg zu wählen. Ihr soziales Bewusstsein kann Ihnen erkennen helfen, was die andere Person aufs Tapet gebracht hat oder fühlt. Durch einen Blick auf beide Seiten werden Sie herausfinden, wo die Interaktion schiefgelaufen ist und welche Erste-Hilfe-Bemerkung nötig ist, um schnell Abhilfe zu schaffen. Solche Bemerkungen wirken wie eine Brise Frischluft,

Erste-Hilfe-Bemerkungen wirken wie eine Brise Frischluft, sind neutral im Tonfall und finden einen gemeinsamen Nenner.

sind neutral im Tonfall und finden einen gemeinsamen Nenner. Eine Erste-Hilfe-Bemerkung kann etwas ganz Einfaches sein wie »Das ist wirklich schwierig«, oder Sie fragen die andere Person, wie sie sich fühlt. Die meisten Gespräche profitieren von einer solchen Erste-Hilfe-Maßnahme, und schaden kann es keinesfalls, wenn Sie das Gefühl haben, dass das Gespräch in die Abwärtsspirale trudelt.

Diese Strategie wird Ihnen helfen, die Verbindung nicht abbrechen zu lassen. Durch bewusstes Bemühen und Übung werden Sie in der Lage sein, aus dem Ruder laufende Gespräche zu reparieren, bevor sie nicht mehr zu retten sind.

17. Packen Sie schwierige Gespräche an

»Warum wurde ich bei der Beförderung übergangen?«, fragt Ihr Teammitglied Judith mit leicht aggressivem Tonfall, verletzter Haltung und bebender Stimme. Das wird ein schwieriges Gespräch. Die Nachricht über Rogers Beförderung ist durchgesickert, bevor Sie mit Judith sprechen konnten. Sie schätzen Judith und ihre Arbeit, werden ihr jedoch erklären müssen, dass sie für die nächste Stufe noch nicht weit genug ist. Das ist nicht der schwierigste Teil des Gesprächs – Schadensbegrenzung ist weit wichtiger.

Schwierige Gespräche können überall vorkommen, vom Sitzungssaal bis zum Pausenraum, und lassen sich ruhig und erfolgreich führen. Schwierige Gespräche sind unvermeidlich. Vergessen Sie den Wunsch, vor ihnen davonzulaufen, denn Sie werden mit Sicherheit eingeholt. Auch wenn solche Gespräche durch die Fähigkeiten der emotionalen Intelligenz nicht verschwinden, sind sie durch das Erlernen einiger neuer Fähigkeiten deutlich einfacher zu steuern, ohne dass dabei Beziehungen zu Bruch gehen.

1. **Beginnen Sie mit einer Gemeinsamkeit.** Wenn Sie wissen, dass es letztlich zu einer Meinungsverschiedenheit kommen wird, beginnen Sie die Diskussion mit den Gemeinsamkeiten, die Sie teilen. Ob Sie einfach zustimmen, dass die Diskussion schwierig, aber wichtig werden wird, oder darin übereinstimmen, dass Sie dasselbe Ziel verfolgen, sorgen Sie damit für ein Gefühl der Übereinstimmung. Beispiel: »Judith, zuerst möchte ich Sie wissen lassen, dass ich Sie schätze und es mir leidtut, dass Sie die Neuigkeit von anderer Seite und nicht von mir erfahren haben. Ich würde die Zeit gerne nutzen, um Ihnen die Situation zu erklären und auf alles zu antworten, was Sie an Fragen haben. Ich würde auch gerne Ihren Standpunkt hören.«
2. **Bitten Sie den Gesprächspartner, er möge Ihnen helfen, seine Position zu verstehen.** Die Leute möchten gehört werden – wenn sie nicht das Gefühl haben, angehört zu werden, entsteht Frustration. Kommen Sie dieser zuvor und bitten Sie

die Person, ihren Standpunkt zu äußern. Beherrschen Sie Ihre eigenen Gefühle soweit nötig und konzentrieren Sie sich darauf, den Gesichtspunkt des anderen zu verstehen. In Judiths Fall würde das folgendermaßen klingen: »Judith, ich möchte sicherstellen, dass Sie mir ganz unbefangen sagen, was Sie auf dem Herzen haben. Ich werde mich bemühen, Ihre Sichtweise zu verstehen.« Dadurch, dass Sie Judith um ihren Beitrag bitten, zeigen Sie ihr, dass sie Ihnen wichtig ist und Sie mehr über sie erfahren möchten. Das ist eine Gelegenheit, Ihre Beziehung zu Judith zu vertiefen und zu stabilisieren.

3. **Widerstehen Sie der Versuchung, eine Retourkutsche oder eine Entkräftung der Argumente zu planen.** Ihr Gehirn kann nicht gleichzeitig aufmerksam zuhören und sich darauf vorbereiten zu sprechen. Nutzen Sie Ihre Fähigkeiten im Selbstmanagement, um Ihre innere Stimme zum Schweigen zu bringen und Ihre Aufmerksamkeit auf die Person zu richten, die Sie vor sich haben. In diesem Fall wurde Judith bei einer Beförderung übergangen, an der sie wirklich interessiert gewesen wäre. Machen wir uns nichts vor – wenn Sie die Beziehung retten möchten, müssen Sie still sein, sich anhören, was sie über ihren Schock und ihre Enttäuschung erzählt, und dem Drang widerstehen, sich zu verteidigen.
4. **Helfen Sie der anderen Person, auch Ihre Seite zu verstehen.** Nun ist es an Ihnen, der anderen Person Ihre Sichtweise verständlich zu machen. Beschreiben Sie Ihr Unbehagen, Ihre Gedanken, Ihre Ideen und die Gründe hinter Ihrem Denkprozess. Kommunizieren Sie klar und in einfachen Worten, reden Sie nicht um den heißen Brei herum oder in Rätseln. In Judiths Fall kann das, was Sie sagen, letztlich ein gutes Feedback für sie werden, was sie verdient hat. Es ist völlig angemessen, wenn Sie ihr erklären, dass Roger mehr Erfahrung mitbringt und zu diesem Zeitpunkt für den Job besser geeignet ist. Dass seine Beförderung auf fragwürdige Weise zu ihr durchgesickert ist, verlangt eine Entschul-

digung. Die Fähigkeit, Ihre Gedanken zu erklären und sich in einer schwierigen Situation direkt und in mitfühlender Weise an andere zu wenden, ist ein Schlüsselaspekt des Beziehungsmanagements.

5. **Bringen Sie das Gespräch voran.** Sobald Sie Ihre jeweiligen Sichtweisen verstehen, muss jemand, auch wenn keine Einigkeit besteht, die Dinge voranbringen. In Judiths Fall sind Sie das. Versuchen Sie, wieder eine Gemeinsamkeit zu finden. Sagen Sie etwas wie: »Ich bin sehr froh, dass Sie direkt zu mir gekommen sind und wir Gelegenheit hatten, darüber zu sprechen. Ich verstehe Ihre Position, und Sie scheinen meine ebenfalls zu verstehen. Ich bin weiterhin an Ihrer Entwicklung interessiert und würde gerne mit Ihnen daran arbeiten, damit Sie die Erfahrung bekommen, die Sie brauchen. Wie denken Sie darüber?«
6. **Bleiben Sie in Verbindung.** Ein schwieriges Gespräch ist noch *nicht* zu Ende, wenn es zu Ende ist. Überprüfen Sie den Fortschritt häufig, fragen Sie die andere Person, ob sie zufrieden ist, und halten Sie weiterhin den Kontakt. Sie sind zur Hälfte dafür verantwortlich, dass eine Beziehung wie geschmiert und glatt läuft. In Bezug auf Judith würde es ihr zeigen, dass Ihnen an ihrem Fortschritt etwas gelegen ist, wenn Sie sie regelmäßig treffen, um über ihr berufliches Vorankommen und ihr Beförderungspotenzial zu sprechen.

Wenn Sie ein schwieriges Gespräch vor sich haben, bereiten Sie sich auf die richtige Vorgehensweise vor, seien Sie nicht aggressiv und bleiben Sie offen, indem Sie die oben dargelegten Strategien anwenden. Sie müssen in einem solchen Gespräch nicht an Boden verlieren, sondern es kann tatsächlich die Gelegenheit bieten, eine Beziehung weiter zu festigen.

EPILOG

EIN BLICK AUF DIE NEUESTEN ENTWICKLUNGEN BEI DER EMOTIONALEN INTELLIGENZ

Als TalentSmart® den Test *Emotional Intelligence Appraisal®* herausbrachte, etablierte sich der EQ gerade erst in den Köpfen von Firmenchefs und Menschen, die einfach ein glücklicheres und gesünderes Leben führen wollen. Mit dem Test *Emotional Intelligence Appraisal®* überprüften sie ihren EQ und erkannten ihr Verbesserungspotenzial. Die Testergebnisse befähigten die Menschen, ihr emotionales Können in gestärkte Beziehungen umzumünzen, bessere Entscheidungen zu treffen, eine überzeugendere Teamführung und letztlich erfolgreichere Unternehmen zu etablieren. Wir bei TalentSmart® haben Hunderttausende Menschen aus unterschiedlichen hierarchischen Ebenen in Unternehmen den Weg zu einem höheren EQ gehen sehen.

Seither sind die Forschung und die Trainingsmethoden rund um emotionale Intelligenz weit fortgeschritten. Wir interessieren uns sehr für die sich verändernde Landschaft und verfolgen die Entwicklungen permanent. Die Ergebnisse unserer Studien haben uns sowohl überrascht als auch auf unserem Weg bestärkt. Eine Tatsache ist klar: dass ein guter EQ große Bedeutung hat für ein glückliches, gesundes und produktives persönliches und berufliches Leben. Unsere Untersuchungen werfen ein neues Licht auf den Kampf der Geschlechter, die Kluft zwischen den Generationen, das Streben nach beruflichem Aufstieg und besser bezahlten Jobs. Zudem haben wir Hinweise darauf, welche Länder für den künftigen Erfolg in einer zunehmend globalen Wirtschaft gut gerüstet sind. Dies alles macht den Menschen Hoffnung, die danach streben, ihre emotionale Intelligenz zu verbessern.

Hier nun unsere Erkenntnisse ...

Die Pole schmelzen: der EQ früher und heute

Ende 2008 schauten wir uns genau an, wie sich der kollektive EQ der US-amerikanischen Bevölkerung seit 2003 verändert hatte. Während es uns nicht überraschte, dass sich der EQ bei denen verbessert hatte, die wir getestet und weitergebildet hatten, stellten wir fasziniert fest, dass auch die EQ-Werte von Neulingen mit jedem weiteren Jahr höher lagen. Die EQ-Werte von Menschen, die wir zuvor nie getestet oder weitergebildet hatten, zeigten einen langsamen und kontinuierlichen Anstieg. Wir entdeckten zwischen 2003 und 2007 eine substanzielle Zunahme der emotionalen Intelligenz in der Erwerbsbevölkerung der USA.

Skeptiker schauen sich vielleicht die Grafik an und denken: *Was soll daran besonders sein? Das ist gerade einmal ein Anstieg um vier Punkte innerhalb von fünf Jahren!* Aber stellen Sie sich einmal vor, welche Auswirkungen ein ähnlich geringfügiger Temperaturanstieg – sagen wir um ein oder zwei Grad – auf unser Ökosystem hat. Dasselbe gilt für das menschliche Verhalten am Arbeitsplatz, wo die Pole niedriger emotionaler Intelligenz zu schmelzen beginnen.

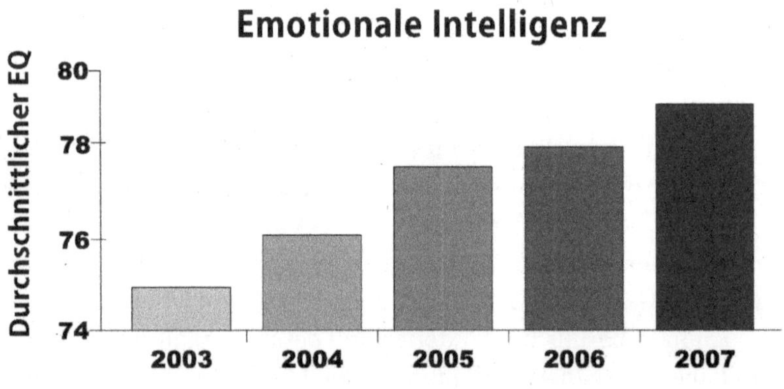

Das wahre Ausmaß dieser Veränderung zeigt sich, sobald wir uns die spezifischen Veränderungen genauer ansehen, die durch die deutliche Verbesserung des EQ verursacht wurden. In den letzten fünf Jahren ist der Prozentsatz der Menschen, die stark auf ihre

Emotionen und die Emotionen anderer Menschen eingehen, von 13,7 Prozent auf 18,3 Prozent gestiegen. Im selben Zeitraum ist der Prozentsatz von Menschen mit geringem Verständnis dafür, wie Angst, Frustration und Wut ihr Verhalten beeinflussen, von 31,0 Prozent auf 14,0 Prozent gesunken. Wenn Sie diese Prozentwerte auf die 180 Millionen Erwerbstätigen in den USA übertragen, bedeutet dies, dass heute neun Millionen Menschen mehr als 2003 in hitzigen Konflikten fast immer ruhig Blut bewahren; neun Millionen mehr Menschen zeigen inzwischen Mitgefühl für Kollegen und Kunden, wenn diese harte Zeiten durchmachen. Insgesamt 25 Millionen weniger Menschen verkennen die Wirkung ihres Verhaltens auf andere.

Jahr	Prozentsatz Menschen guter emotionaler Intelligenz	Prozentsatz Menschen dürftiger emotionaler Intelligenz
2003	13.7	31.0
2004	14.7	19.0
2005	14.8	18.5
2006	15.1	17.1
2007	18.3	14.0

Das Besondere an dieser Entdeckung ist, dass die Personen unserer Versuchsgruppe vor der Teilnahme an unserem Test sehr wenig oder noch gar keine offizielle Schulung in emotionaler Intelligenz erhalten hatten. Dennoch verbesserten sich die durchschnittlichen EQ-Werte von Jahr zu Jahr kontinuierlich. Es sieht so aus, als würden Menschen, die ihre emotionale Intelligenz gezielt üben, andere Menschen sozusagen infizieren, die diesen Begriff vielleicht noch nie gehört haben. Fähigkeiten der emotionalen Intelligenz wirken – ähnlich wie Emotionen selbst – ansteckend. Demnach ist unser EQ stark abhängig von den Menschen in unserem Umfeld und von den Umständen. Je mehr wir mit empathischen Menschen Umgang haben, desto empathischer werden wir selber. Je mehr Zeit wir mit anderen verbringen, die über Gefühle offen sprechen, desto geschickter werden wir darin, Gefühle zu erkennen und zu verstehen. Genau das macht emotionale Intelligenz zu einer erlernbaren Fähigkeit und nicht zu einem unabänderlichen Charakterzug, mit dem bei der Geburt nur ein paar Glückliche beschenkt werden.

Leider hat sich diese positive Entwicklung nicht fortgesetzt. 2008 nahm die kollektive emotionale Intelligenz ab – zum ersten Mal, seit wir sie verfolgen. Dies führt uns vor Augen, wie sehr diese Fähigkeiten veränderlich sind.

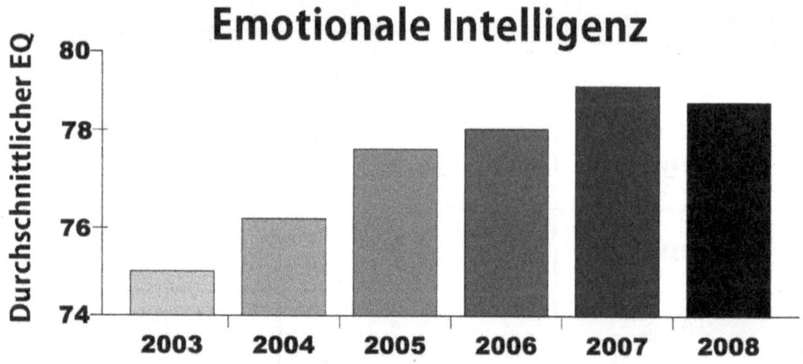

US-amerikanische Wirtschaftswissenschaftler bestimmten den Dezember 2007 als Beginn der schlechtesten Wirtschaftslage der USA seit 70 Jahren, was bedeutet, dass es 2008 keinen einzigen Tag *ohne* Rezession gab. Der Rückgang der emotionalen Intelligenz zwischen 2007 und 2008 ist das Produkt der wirtschaftlichen Probleme. Schwierige Zeiten jeglicher Art – finanziell, familiär oder im Job – rufen intensivere und häufig lang anhaltende negative Emotionen hervor, die letztlich in Stress resultieren. Zusätzlich zum körperlichen Stress, der sich z.B. in Gewichtszunahme und Herzkrankheiten manifestiert, belastet Stress auch unsere mentalen Ressourcen. Solange wir nicht unter Stress stehen, können wir bewusst eine Extraportion Mühe aufwenden, um bei den alltäglichen Problemen und Sorgen ruhig und gefasst zu bleiben. Wir haben mehr Vertrauen in unsere Fähigkeiten, mit unerwarteten Ereignissen fertigzuwerden, und ermöglichen unserem Verstand, mühsame Aufgaben zu bewältigen. Unbewältigter Stress jedoch verbraucht viel von diesen mentalen Ressourcen. Er hält unseren Verstand in einer Art Kriegszustand, in dem die Emotionen im Alleingang unser Verhalten diktieren, während unsere rationalen Fähigkeiten mit dem Versuch beschäftigt sind, aus der Situation das Beste zu machen. Plötzlich fühlt sich ein kleiner Rückschlag bei einem beruflichen Projekt, der in florierenden Zeiten keine große Sache wäre, wie eine Katastrophe und nicht wie eine kleine Störung an. Viele Menschen werden genau dann von ihrer emotionalen Intelligenz im Stich gelassen, wenn sie diese Fähigkeiten am dringendsten bräuchten. Nur diejenigen mit gut trainierten Fähigkeiten in emotionaler Intelligenz, denen diese quasi in Fleisch und Blut übergegangen ist, können dem Sturm erfolgreich standhalten.

Jahr	Prozentsatz Menschen guter emotionaler Intelligenz	Prozentsatz Menschen dürftiger emotionaler Intelligenz
2003	13.7	31.0
2004	14.7	19.0
2005	14.8	18.5
2006	15.1	17.1
2007	18.3	14.0
2008	16.7	13.8

Dieser Stress scheint einen signifikanten Einfluss auf unsere kollektive emotionale Intelligenz auszuüben. Der Prozentsatz von Menschen mit hohem EQ sank von 18,3 Prozent im Jahr 2007 auf nur 16,7 Prozent im Jahr 2008. Mit anderen Worten haben wir 2,8 Millionen höchst geschickte Streiter im Kampf für eine emotional intelligentere Gesellschaft verloren. Sie wären Wegweiser, die anderen Menschen den Weg zu einem emotional intelligenteren Verhalten zeigen könnten, aber stattdessen nun darum kämpfen, ihre eigenen Fähigkeiten aufrechtzuerhalten.

Wir haben 2,8 Millionen höchst geschickte Streiter im Kampf für eine emotional intelligentere Gesellschaft verloren.

Der Kampf der Geschlechter: EQ und Geschlecht

Sheila begann ihre berufliche Laufbahn als Finanzberaterin mit Fachgebiet Gesundheitswesen in einem multinationalen Beratungsunternehmen. Nach nur wenigen Jahren, in denen sie Kunden überzeugte und man an höchster Stelle voll des Lobes über sie war, wurde sie schließlich von ihrem jetzigen Arbeitgeber abgeworben – einem großen regionalen Unternehmen im Gesundheitswesen im Mittleren Westen. Sheila ist mit Anfang 30 bereits Assistentin des Vizepräsidenten und auf der Überholspur zu einer noch höheren Position. Ihre früheren und derzeitigen Vorgesetzten stimmen darin überein, dass Sheila nicht nur intelligent ist, sondern noch andere Fähigkeiten besitzt – wobei sie diese nicht wirklich definieren können. Zu Beginn von Sheilas Beraterlaufbahn fasste Sheilas früherer Abteilungsleiter, nachdem er immer wieder beobachtet hatte, wie sie angespannte Situationen mit Kunden entschärfen konnte, das Geheimnis ihres Erfolgs so zusammen: Sie »*versteht* die Leute« einfach.

2003 stellten wir einige deutliche Gegensätze zwischen den EI-Fähigkeiten von Männern auf der einen und von Frauen wie Sheila auf der anderen Seite fest. Frauen übertrafen Männer im Selbstmanagement, im sozialen Bewusstsein und im Beziehungsmanagement. Tatsächlich war die Selbstwahrnehmung die einzige Fähigkeit der emotionalen Intelligenz, bei der die Männer mit den Frauen Schritt halten konnten.

Aber die Zeiten haben sich geändert und mit ihnen auch die Männer.

Wie die Grafik zeigt, liegen Männer und Frauen bei der Fähigkeit, ihre eigenen Emotionen zu erkennen, noch immer Kopf an Kopf – genau wie 2003. Jedoch haben die Männer bei der Fähigkeit aufgeholt, mit ihren eigenen Emotionen umzugehen. Diese Änderung ist der Verschiebung sozialer Normen zuzuschreiben.

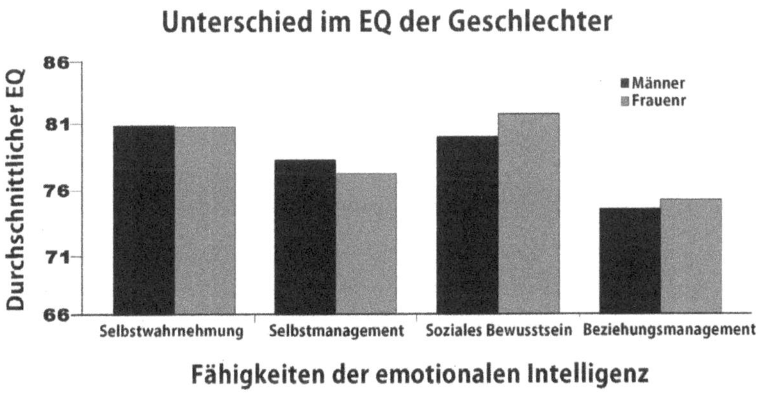

Von dieser Entwicklung der kulturellen Konventionen profitieren die Männer. Sie werden heute ermutigt, ihren Emotionen mehr Zeit zu widmen, was eine große Hilfe auf dem Weg zu klarerem Denken ist. So überrascht es nicht, dass 70 Prozent der männlichen Führungskräfte, die bei den Fähigkeiten, gute Entscheidungen zu treffen, unter den ersten 15 Prozent liegen, auch die höchsten Werte bei der emotionalen Intelligenz aufweisen. Hingegen war nicht eine einzige männliche Führungskraft mit niedrigem EQ unter den fähigsten Entscheidungsträgern. Auch wenn dies der Intuition widersprechend zu sein scheint, stellt sich doch heraus, dass der *logischste* Weg zu guten Entscheidungen über das Beachten der eigenen Emotionen führt. Männer müssen heute nicht mehr denken, die Beschäftigung mit Angst oder Frustration sei ein Zeichen von Schwäche, sondern es steht ihnen heute frei, im Interesse eines gesunden Urteilsvermögens ihre Gefühle besser in den Griff zu bekommen.

Einsame Spitze

Bedenkt man, welche Berge an Literatur es inzwischen über emotionale Intelligenz gibt, sollte man meinen, dass sich leitende Angestellte ziemlich gut damit auskennen. Wie wir in unserem Artikel »Herzlose Bosse« im *Harvard Business Review* aufgedeckt haben, zeigen unsere Untersuchungen hingegen, dass die Botschaft noch immer nicht durchgedrungen ist. Wir haben den EQ bei einer halben Million leitender Angestellter (darunter 1000 CEOs), Manager und wichtiger Mitarbeiter in allen Industriezweigen auf sechs Kontinenten bewertet. Vom unteren Ende der Karriereleiter bis hinauf ins mittlere Management steigen die Punktzahlen. Mittlere Führungskräfte stechen mit den höchsten EQ-Werten der Erwerbspersonen heraus. Vom mittleren Management aufwärts ist bei den EQ-Werten hingegen ein steiler Abwärtstrend zu beobachten. Durchschnittlich haben CEOs die niedrigsten EQ-Werte am Arbeitsplatz.

Durchschnittlich haben CEOs die niedrigsten EQ-Werte am Arbeitsplatz.

Emotionale Intelligenz und berufliche Position

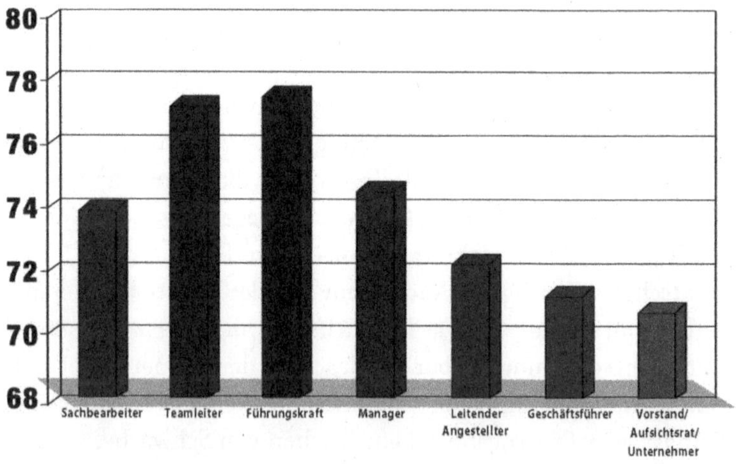

Eine Führungskraft hat primär die Aufgabe, dafür Sorge zu tragen, dass andere ihre Arbeit erledigen. Daher könnte man meinen, je höher die Position, desto besser seien die Fähigkeiten, mit Menschen umzugehen. Anscheinend ist das Gegenteil der Fall. Zu viele Führungskräfte wurden aufgrund ihres Wissens oder der Dauer ihrer Berufstätigkeit befördert und nicht wegen ihrer Fähigkeit der Menschenführung. Haben sie die Spitze erst einmal erreicht, verbringen sie tatsächlich *weniger* Zeit im Umgang mit ihren Mitarbeitern. Jedoch sind unter den leitenden Angestellten die Personen mit den höchsten EQ-Werten auch diejenigen, die die besten Leistungen erbringen. Wir haben festgestellt, dass die EI-Fähigkeiten für die Leistung im Job wichtiger sind als jede andere Führungsqualität. Das gilt für jede Tätigkeit: In jeglicher Position übertreffen Menschen mit den höchsten EQ-Werten ihre Kollegen.

Die Kluft zwischen den Generationen: EQ und Alter

Der Massenexodus der geburtenstarken Jahrgänge aus dem Arbeitsleben hat bereits begonnen. Wenn sich die Babyboomer in den Ruhestand zurückziehen, wird sich das nachhaltig auf die wirtschaftliche Entwicklung eines Landes auswirken. Die zukünftigen Rentner nehmen in der Arbeitswelt auch die Mehrheit der Top-Führungspositionen ein, sodass durch ihren Ruhestand eine Lücke in den Führungsetagen entsteht, die von den nächsten Generationen ausgefüllt werden muss. Die Frage ist, ob die nachfolgenden Generationen dieser Herausforderung gewachsen sein werden.

Das wollten wir herausfinden. Wir haben die EQ-Werte auf die vier Generationen aufgeschlüsselt, die heute in der Arbeitswelt vertreten sind – Generation Y (18–30 Jahre alt), Generation X (31–43 Jahre alt), Babyboomer (43–61 Jahre alt) und Traditionalisten (62–80 Jahre alt). Als wir uns jede der vier Kernfähigkeiten der emotionalen Intelligenz gesondert angeschaut haben, zeigte sich zwischen den Babyboomern und der Generation Y eine große Kluft im Selbstmanagement. Kurz gesagt sind Babyboomer sehr viel weniger gefährdet, die Fassung zu verlieren, wenn es nicht wunschgemäß läuft, als die jüngeren Generationen.

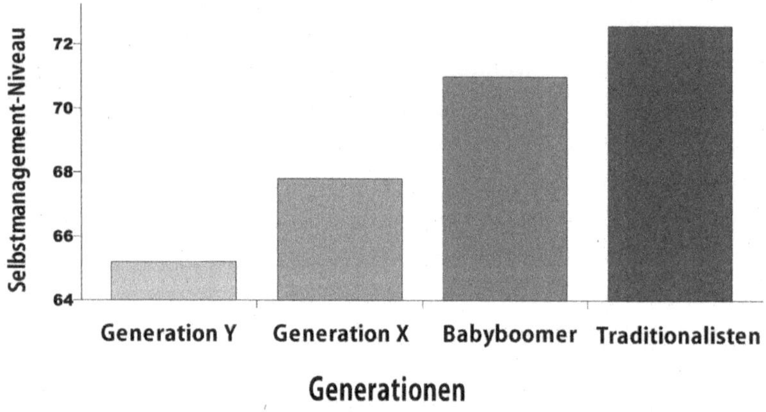

Dies mag zunächst keinen Anlass zur Sorge geben. Wie schwierig kann es denn schon für die in den Startlöchern stehenden künftigen Führungskräfte werden, die *Easy Rider*-Generation zu ersetzen?

Ohne konsequenten Aufbau von Fähigkeiten im Selbstmanagement könnte dies bedeutend schwieriger werden, als wir glauben. Natürlich wird der Ansatz der Generation Y *anders* sein als der Ansatz der Boomgeneration, aber viele werden argumentieren, er müsse deshalb nicht *schlechter* sein. Wenn man wahrnimmt, wie sachkundig und technisch kompetent die Generation Y ist, könnte sie ihren Vorgängern im Informationszeitalter tatsächlich überlegen sein. Inzwischen sollte jedoch klar geworden sein, dass eine gute Führungspersönlichkeit sehr viel mehr sein muss als ein wandelndes Lexikon. Wenn also die Generation Y im Selbstmanagement versagt, wie können wir dann erwarten, dass sie zum Management, geschweige denn zur Führung anderer Menschen in der Lage sein wird?

Wir bei TalentSmart® haben immer wieder über mögliche Erklärungen für diese Kluft bei den Fähigkeiten im Selbstmanagement zwischen älteren und jungen Menschen diskutiert. Eine mögliche Erklärung schien zu sein, dass das Aufwachsen mit zu vielen Videospielen, sofortiger Befriedigung aller Wünsche über das Internet und verhätschelnden Eltern eine Generation junger Arbeitskräfte hervorgebracht hat, die nicht anders können, als in schwierigen Situationen ihre Emotionen herauszulassen. Wirklich überzeugt waren wir von dieser These jedoch nicht.

Als wir uns die Ergebnisse unter einem anderen Blickwinkel anschauten, wurde das Bild klarer. Die Fähigkeiten im Selbstmanagement scheinen sich mit zunehmendem Alter beständig zu verbessern – 60-Jährige hatten bessere Punktzahlen als 50-Jährige, die wiederum besser abschnitten als 40-Jährige. Demnach hat das mangelhafte Selbstmanagement der jüngeren Generation wenig mit Dingen zu tun, die wir nicht ändern können, wie z.B. dem Aufwachsen mit digitalen Geräten und sozialen Netzwerken. Vielmehr hatten die Generationen X und Y einfach weniger Lebenszeit gehabt, um den Umgang mit ihren Emotionen zu üben. Das ist eine gute Nachricht, weil Übung etwas ist, was die Generation Y bekommen kann. Die Zeit zurückzuschrauben und ihre Erziehung zu verändern wäre hingegen weitaus komplizierter.

… das mangelhafte Selbstmanagement der jüngeren Generation hat wenig mit Dingen zu tun, die wir nicht ändern können, wie z.B. dem Aufwachsen mit digitalen Geräten und sozialen Netzwerken.

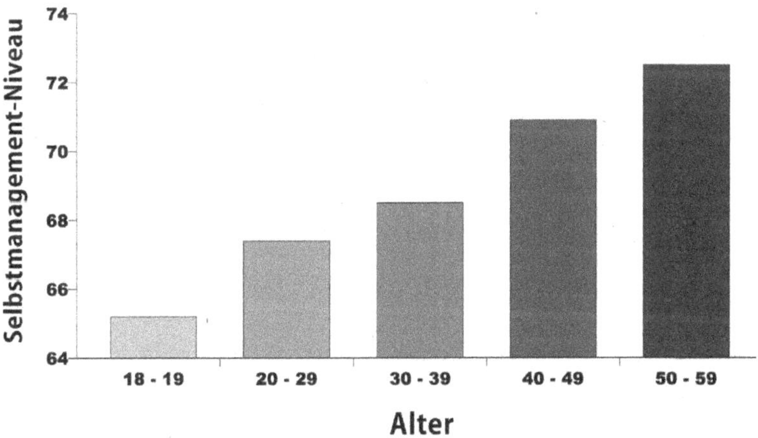

Unsere Ergebnisse sagen über die Erlernbarkeit von emotionaler Intelligenz eben soviel aus wie über die Unterschiede zwischen den Generationen. Mit Übung kann jeder geschickter darin werden, Emotionen zu erkennen und damit umzugehen. Die Entwicklung solcher Fähigkeiten braucht Zeit, mit einem gewissen Maß an bewusstem Bemühen kann diese Zeitspanne jedoch auf einen Bruchteil der normalerweise benötigten Zeit reduziert werden. Zu den Merkmalen der Generation Y gehört ihre enorme Fähigkeit, neue Informationen aufzunehmen und sich neue Fertigkeiten anzueignen. Das heißt, es liegt praktisch an jedem Einzelnen, die erforderliche Kleinarbeit zu erledigen, um das Entwicklungstempo seines EQ zu beschleunigen. Die Angehörigen der Generation Y haben die Option, entweder viele Erfahrungsjahre hinter sich zu bringen (und bis 50 oder länger zu warten, bis sie ihre Emotionen unter Kontrolle haben) oder ihre Entwicklung selbst in die Hand zu nehmen. Wenn sich die Generation Y dafür entscheidet, kann sie jetzt sofort damit beginnen. Kommt diese Generation dann in die Dreißiger, ist sie gerüstet, andere so zu führen wie ein erfahrener Veteran.

Da die Boomgeneration schon bald in den Ruhestand treten wird, *können* sich begabte Leute in den Zwanzigern nicht nur auf Führungsrollen vorbereiten: Die Generation Y *muss* dies tun. In den Unternehmen von morgen werden diejenigen aus der Generation Y die offenen Führungspositionen übernehmen, die Zeit und Mühe aufbringen, sich darin zu üben, den Mund lieber zu halten, wenn dies einer Situation zuträglicher ist, und die Kommunikationswege offen zu halten, auch wenn sie gestresst sind. Mit diesen Positionen wird nicht nur eine bessere Bezahlung verbunden sein, sondern auch die Möglichkeit, die Veränderungen vorzunehmen, die sich die Generation Y so dringend für die Welt wünscht.

Chinas Geheimwaffe: EQ und Kulturkreis

»Made in China« hat heute eine andere Bedeutung als früher. Lange Zeit galt die Handarbeit der 1,3 Milliarden Chinesen als einziger Wettbewerbsvorteil in der Weltwirtschaft. Lange hat die amerikanische Wirtschaft die chinesischen Arbeiter ignoriert, heute steht die boomende, qualifizierte erwerbstätige Bevölkerung des Landes der amerikanischen Wirtschaft als größte Wettbewerbsgefahr gegenüber. Wie kam es dazu?

Heute verfügen Chinas Arbeitskräfte über die nötigen Fachkenntnisse, um sich in Sektoren wie dem Finanzmarkt, der Telekommunikation und der Computerbranche zu etablieren. Das sollte Sie nicht überraschen. 2004 zahlte der chinesische Computerriese Lenovo 1,25 Milliarden US-Dollar für den Kauf der PC-Sparte von IBM. 2005 kämpften US-amerikanische Investoren darum, beim größten Börsengang des Jahres mitzumischen, den eine chinesische Bank mit einem Kapital von 521 Milliarden US-Dollar anstrebte. Dieser Börsengang markierte das erste große chinesische Finanzunternehmen, das in Übersee Anteile anbot. Trotz seiner gewaltigen Größe handelt es sich übrigens nur um die drittgrößte Bank Chinas. Auch wenn sich das Gleichgewicht der wirtschaftlichen Macht nicht völlig verschoben hat, ist es doch kein Geheimnis, dass China Amerikas größter Gläubiger ist. Der schlafende Riese hat sich tatsächlich bewegt.

Vor ein paar Jahren beschlossen die Wissenschaftler von TalentSmart®, zu prüfen, welche Rolle der EQ bei Chinas gigantischem Wandel von einem billigen Lieferanten zur kompetenten Führungsposition gespielt hat. Im Sommer 2005 bewerteten wir den EQ von 3000 Top-Führungskräften in China. Unsere überraschenden Befunde verdeutlichen die Geheimzutaten von Chinas wirtschaftlichem Erfolg und die ernste Gefahr für Amerikas Wirtschaft, auf dem Weltmarkt zu konkurrieren. Amerikanische Führungskräfte lagen beim Selbstmanagement und Beziehungsmanagement durchschnittlich 15 Punkte unter den chinesischen Führungskräften.

Die chinesischen Führungskräfte, die an der Studie teilnahmen, waren alle im Inland ausgebildet worden. Alle 3000 Teilnehmer waren Chinesen aus dem öffentlichen und privaten Sektor, die den *Emotional Intelligence Appraisal*®-Test auf Chinesisch absolvierten. Die Punktzahlen bei der Selbstwahrnehmung und beim sozialen Bewusstsein waren zwar etwas höher als bei den amerikanischen Teilnehmern, statistisch jedoch vergleichbar mit denen amerikanischer Führungskräfte. Das heißt, die Führungskräfte beider Länder haben ein vergleichbares Bewusstsein für Emotionen bei sich selbst und anderen, die chinesischen Führungskräfte nutzen dieses Bewusstsein jedoch zu ihrem Vorteil – und Taten sagen mehr als Worte.

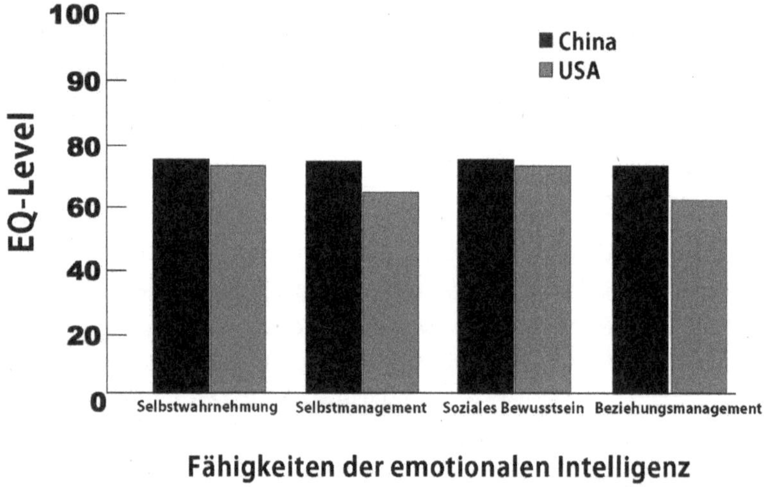

Chinesische Führungskräfte leben die Qualitäten, die in amerikanischen Personalabteilungen ins Firmenkompetenzmodell aufgenommen werden *dürfen*. Amerikanische Führungskräfte finden zwar, dass sich diese Verhaltensweisen auf Papier gut machen, lassen ihren Worten jedoch kaum Taten folgen. Lippenbekenntnisse scheinen die einzige Energie zu sein, die amerikanische Führungskräfte aufzuwenden bereit sind, wenn es darum geht, Feedback zu erhalten, als Team zusammenzuarbeiten, Kollegen kennenzulernen und Zusagen einzuhalten.

Die persönlichere Gestaltung des Arbeitslebens ist in China nichts Neues. Es ist üblich, dass Führungskräfte regelmäßig Arbeitsessen mit ihrem Team einplanen, um über Geschäftstrends, Karrierewünsche und Familie zu sprechen. Die Leute erwarten von ihren Vorgesetzten eine Vorbildfunktion, wie z.B. in Bezug auf das

Treffen von Entscheidungen, Vernetzung mit anderen und ständige Weiterentwicklung. Werden diese Pflichten nicht erfüllt, ist das beschämend, denn die Menschen legen hier sehr großen Wert darauf.

Die Schlussfolgerungen für den Rest der Welt sind klar: Entweder man achtet auf die Kontrolle der Emotionen oder muss die Konsequenzen tragen. Die Verknüpfung zwischen EQ und wirtschaftlichem Wohlstand kann nicht hoch genug eingeschätzt werden – das gilt für Länder, die versuchen, ihren bestehenden Wettbewerbsvorteil in der Weltwirtschaft zu schützen, ebenso wie für Nationen, die den wirtschaftlichen Aufstieg noch vor sich haben. Hierbei scheint China wegen der Kultur, in der chinesische Führungskräfte erzogen wurden, leicht im Vorteil zu sein. Wenn Sie in einer Kultur aufwachsen, in der emotionale Ausbrüche und das sorglose Befriedigen persönlicher Wünsche nicht nur abgelehnt werden, sondern als peinlich gelten, beeinflusst diese Erziehung Ihr Selbstmanagement und Beziehungsmanagement. Wie weiter oben bereits besprochen, ist der EQ für kulturelle Einflüsse sehr empfänglich. Kultur kann emotional intelligente Verhaltensweisen fördern oder verhindern.

Ein altes chinesisches Sprichwort sagt: »Gib einem Mann eine Angelrute, und er wird sich jede Woche einen Fisch fangen. Sag ihm, welchen Köder er verwenden soll, und er wird sich täglich einen Fisch fangen. Zeige ihm, wie und wo er angeln soll, und er wird zeitlebens genug Fisch zu essen haben.« Im Umkehrschluss besagt dieses Sprichwort, dass ein Mann oder eine Frau ohne Angel, ohne Köder und ohne zu wissen, wie und wo geangelt werden kann, ernsthaft Gefahr läuft, zu hungern. Entsprechend werden Menschen mit geringem Verständnis dafür, wie und wo Emotionen ihr Leben beeinflussen, nur außerordentlich schwer Erfolg haben können. Diejenigen hingegen, die die richtigen Hilfsmittel und Strategien nutzen, um ihre Emotionen zu zügeln, bringen sich in eine Position, aus der sie gut vorankommen. Dies gilt gleichermaßen für Einzelpersonen, Unternehmen und sogar ganze Länder.

Schlussgedanken: EQ und die Zukunft

Während die Ergebnisse insgesamt ermutigend sind, sind unsere Forschungsergebnisse auch als ernste Warnung zu verstehen. Die beständige Zunahme der emotionalen Intelligenz über fünf Jahre – und der unerwartete Rückgang 2008 – sowie die Verbesserung der Fähigkeiten der emotionalen Intelligenz bei Männern zeigen, dass emotionale Intelligenz eine Gruppe von Fähigkeiten ist, die gelernt und ebenso verlernt werden können. Genauso, wie Sie sich vielleicht sehr anstrengen, um den Sommer über abzunehmen, nur um sich diese Kilos im Winterurlaub wieder anzufuttern, können Sie Ihre EQ-Fähigkeiten verbessern, um sie wieder dahinschwinden zu sehen. Aus diesem Grund empfehlen wir, diese Fähigkeiten mindestens einmal pro Jahr zu überprüfen.

Sie würden auch nicht erwarten, für immer das Golfspielen oder Klavierspielen zu beherrschen, nachdem Sie es sechs Monate geübt und dann wieder aufgegeben haben, oder? Dasselbe gilt auch für die Entwicklung von emotionaler Intelligenz. Wenn Sie nachlassen und aufhören, diese Fähigkeiten bewusst zu üben, werden Sie sich mit ziemlicher Sicherheit irgendwann in schwierigen Umständen befinden. Sie werden in die schlechten Gewohnheiten zurückfallen. Ihre redlich verdienten Fähigkeiten können ebenso leicht wieder verloren gehen und damit auch das höhere Einkommen, die gestärkten Beziehungen und die besseren Entscheidungen, die Sie inzwischen treffen können.

DISKUSSIONSFRAGEN FÜR LESERGRUPPEN

Diskussionen über emotionale Intelligenz werden Ihnen helfen, die Kluft zwischen dem Lernen und dem aktiven Umsetzen zu überbrücken. Nutzen Sie diese Fragen, um einen sinnvollen Dialog in Gang zu bringen und Ihr Verständnis dafür aufzubauen, wie die vier Fähigkeiten der emotionalen Intelligenz im täglichen Leben zur Anwendung kommen können.

1. Wie vielen Teilnehmern der Gruppe war der Begriff »emotionale Intelligenz« bekannt, bevor sie *Emotionale Intelligenz 2.0* gelesen haben?
2. Was war Teilnehmern, die zuvor noch nichts von emotionaler Intelligenz gehört hatten, das Wichtigste, was sie entdeckt haben, nachdem sie *Emotionale Intelligenz 2.0* gelesen haben?
3. Was war für Teilnehmer, denen der Begriff EQ bereits bekannt war, bevor sie das Buch gelesen haben, die wichtigste Lehre aus dem Buch?
4. Haben Sie sich emotional schon einmal ähnlich vereinnahmt gefühlt wie Butch Connor während seiner Begegnung mit dem Hai?
5. Welche körperlichen Symptome erleben Sie bei Emotionen? Rötet sich beispielsweise Ihr Gesicht, wenn Sie wütend werden?
6. Welche grundlegenden Änderungen würden Sie gerne vornehmen, nachdem Sie nun wissen, dass eine Veränderung auf körperlicher Ebene stattfinden kann? Was würden Sie Ihrem Gehirn gerne antrainieren?
7. Welche Erfahrung sticht für Sie heraus in dem Lernprozess, in dem sie versuchen, Ihre Emotionen zu erkennen oder zu kontrollieren? Wie sieht es beim Lernen aus, die Gefühle anderer Menschen zu erkennen?

8. Wie wird in Ihrem Job mit Emotionen umgegangen? Wurde in diesem Buch irgendetwas besprochen, was Ihnen in den kommenden sechs Monaten in der Arbeit helfen wird? Wie sieht es in der nächsten Woche damit aus?
9. Wie werden Fähigkeiten der emotionalen Intelligenz heute bei aktuellen Ereignissen sichtbar? Diskutieren Sie über Politiker, Prominente, Sportler etc.
10. Fallen Ihnen irgendwelche historischen Personen oder Ereignisse ein, deren Handeln entweder durch eine schlechte oder ausgezeichnete Kontrolle ihrer Emotionen beeinflusst wurde?
11. Nur 36 Prozent der Leute sind in der Lage, ihre Emotionen genau zu erkennen. Welche Gründe sehen Sie dafür? Wie könnte jemand besser darin werden?

Gruppen, die vor ihrem Treffen den Online-Test *Emotional Intelligence Appraisal®* machen, können ihre Ergebnisse mitbringen und folgendermaßen besprechen.

12. Ohne Zahlen zu nennen, bei welcher Fähigkeit der emotionalen Intelligenz hatten Sie die höchste Punktzahl?
13. Welche Fähigkeit der emotionalen Intelligenz hatte bei Ihnen die niedrigste Punktzahl? Welche Strategien werden Sie üben, um diese Fähigkeit zu verbessern?
14. Was wird für Sie beim Üben der Fähigkeiten der emotionalen Intelligenz die größte Herausforderung sein?
15. Was würden Sie von den anderen Teilnehmern der Gruppe gerne wissen:
    - Wie sie an ihrer Selbstwahrnehmung arbeiten?
    - Wie sie ihr Selbstmanagement gestalten?
    - Wie sie Gefühle oder Emotionen bei anderen Menschen lesen?
    - Wie sie Beziehungen managen?
16. Lesen Sie die folgenden Ergebnisse und diskutieren Sie als Gruppe darüber:
    - Der EQ nimmt mit dem Alter tendenziell zu.

- Die größte Kluft beim EQ zwischen der Boomgeneration und der Generation Y (Millennials) besteht bei den Fähigkeiten im Selbstmanagement.
- Frauen und Männer haben dieselben durchschnittlichen Punktzahlen bei der Selbstwahrnehmung, während Männer höhere Punktzahlen im Selbstmanagement und Frauen höhere Punktzahlen im sozialen Bewusstsein und Beziehungsmanagement erreichen.
- CEOs und andere leitende Angestellte erreichen in einem beliebigen Unternehmen im Durchschnitt die niedrigsten EQ-Punktzahlen.

ANMERKUNGEN

Der Weg

Die Geschichte von Butch Connors Haiangriff stammt aus einem höchst unterhaltsamen Buch mit wahren Begebenheiten, herausgegeben von Paul Diamond, *Surfing's Greatest Misadventures: Dropping In on the Unexpected* (Seattle: Casagrande Press, 2006). Online unter: https://casagrandepress.com/surfings-greatest-misadventures-dropping-in-on-the-unexpected/. Ein weiterer Bericht über diesen Vorfall stammt von Demian Bulwa (31. Mai 2004) »Surfer liefert sich ein Kopf-an-Kopf-Rennen mit einem Hai« *The San Francisco Chronicle*.

W. L. Payne prägte den Begriff der emotionalen Intelligenz: »A study of emotion: Developing emotional intelligence: Self integration; relating to fear, pain and desire.« Dissertation, The Union Institute, Cincinnati, OH (1988).

Grundlegende Forschungsarbeiten zur emotionalen Intelligenz, die zu einer Ausweitung der Popularität des Begriffs beitrugen: Von der Yale University: Jack Mayer et al., »Perceiving affective content in ambiguous visual stimuli: A component of emotional intelligence«, *Journal of Personality Assessment*, 54 (1990). Eine zweite Studie, die emotionale Intelligenz mit Erfolg verknüpft: Jack Mayer und Peter Salovey, »The intelligence of emotional intelligence«. *Intelligence*, 17 (1993). Eine dritte Verknüpfung besteht mit dem Wohlbefinden: J. Mayer und A. Stevens, »An emerging understanding of the reflective (meta) experience of mood.« *Journal of Research in Personality*, 28 (1994).

Gibbs, Nancy (2. Oktober 1995), »The EQ Factor«, *Time Magazine*.

Travis Bradberry und Jean Greaves, *The Emotional Intelligence Quick Book*, (New York: Simon & Schuster, 2005).

Das Gesamtbild

Die Tabelle der Gefühle wurde mit freundlicher Genehmigung von Julia West reproduziert und modifiziert.

Emotional hijacking (Emotionale Geiselhaft durch die eigenen Gefühle) ist ein Begriff, den Daniel Goleman erstmals in seinem Buch *Emotional Intelligence: Why It Can Matter More Than IQ*, (Emotionale Intelligenz, dtv 1997 bzw. Carl Hanser Verlag 1995) eingeführt hat.

Die Tendenz, dass Menschen mit niedrigem EQ die besseren Punktzahlen ihrer Kollegen nach einer Initiative zur Entwicklung der EQ-Fähigkeiten einholen, ist bekannt durch das Symposium »The case for emotional intelligence in workgroups«, das Neil M. Ashkanasy auf der Jahreskonferenz der Gesellschaft für Arbeits- und Organisationspsychologie abgehalten hat (April 2001).

Emotionale Intelligenz, die 33 weitere Führungsqualitäten subsumiert, findet sich bei Travis Bradberry, *Self-Awareness: The Hidden Driver of Success and Satisfaction*, (New York: Putnam, 2009).

Die Verbindung zwischen EQ und beruflicher Leistung und die Tendenz, dass erfolgreiche Menschen eher einen hohen EQ haben, sind bekannt aus dem Buch von Travis Bradberry und Jean Greaves, *The Emotional Intelligence Quick Book*, (New York: Simon & Schuster, 2005).

Der Zusammenhang zwischen EQ und Jahreseinkommen steht in Tasler, N. und Bradberry, T., »EQ = $« TalentSmart Update (2009).

So sieht emotionale Intelligenz aus

Das Modell der emotionalen Intelligenz, das die vier Fähigkeiten (Selbstwahrnehmung, Selbstmanagement, soziales Bewusstsein und Beziehungsmanagement) in die größeren Kategorien persönlicher und sozialer Kompetenz stellt, stammt von Goleman, Boyatzis und McKee, *Primal Leadership: Realizing the Power of Emotional Intelligence*, (Boston: Harvard Business School Press, 2002).

Der Zusammenhang zwischen Fähigkeiten der Selbstwahrnehmung und Leistung im Job wird deutlich in Travis Bradberry, *Self-Awareness: The Hidden Driver of Success and Satisfaction*, (New York: Putnam, 2009).

Die Angabe, dass über 70% der getesteten Menschen Probleme im Umgang mit Stress haben, findet sich in Travis Bradberry und Jean Greaves, *The Emotional Intelligence Quick Book*, (New York: Simon & Schuster, 2005).

Wie wichtig es für Ihren Erfolg ist, dass Sie Ihre Bedürfnisse zurückstellen können, zeigt sich bei Ayduk, O. & Mischel, W. im Kapitel »When Smart People Behave Stupidly: Reconciling inconsistencies in social-emotional intelligence« in *Why Smart People Can Be So Stupid*, herausgegeben von Robert J. Sternberg, (New Haven: Yale University Press, 2002).

Dranbleiben

Studien über die Formbarkeit des Gehirns: T. P. Pons et al., »Massive cortical reorganization after sensory deafferentation in adult macaques«, *Science* (252). N. Jain, (1997), »Deactivation and reactivation of somatosensory cortex is accompanied by reductions in GABA straining«, *Somatosens Mot. Res*, 8 (347-354). D. Borsook et al. (1998), »Acute plasticity in the human somatosensory cortex following amputation«, *NeuroReport*, 9 (1013-1017). Katri Cornelleson (2003), »Adult brain plasticity influenced by anomia treatment« *Journal of Cognitive Neuroscience*, 15 (3).

Studien von The Harvard Medical School, die Veränderungen der Hirnstruktur untersuchen: B.A. van der Kolk, »The body keeps the score: Memory and the emerging psychobiology of post traumatic stress«, *Harvard Review of Psychiatry, 1*, 253–265 (1994), und B.A. van der Kolk et al., »Dissociation, somatization, and affect dysregulation: the complexity of adaptation of trauma.« *American Journal of Psychiatry*, 153, 83-93 (1996).

Die Referenzstudie, die Veränderungen des EQ sechs Jahre nach der Initiative zu einer Entwicklung der Fähigkeiten der emotionalen Intelligenz nachweist, findet sich bei Richard Boyatzis et al., in *Innovation in Professional Education: Steps on a Journey from Teaching to Learning* (San Francisco: Jossey-Bass, 1995).

Strategien für die Entwicklung des Selbstmanagements

Strategie #3 zum Selbstmanagement, »Machen Sie Ihre Ziele öffentlich«, berücksichtigt Forschungsergebnisse von Francis Hesselbein et al., *The Leader of the Future*, (San Francisco: Jossey- Bass, 1997).

Strategie #7 zum Selbstmanagement, »Öfter lächeln und lachen«, bespricht den Vorteil des Lächelns anhand von Untersuchungsergebnissen von: Soussignan, R. (2002), »Duchenne smile, emotional experience, and autonomic reactivity: A test of the facial feedback hypothesis«, *Journal of Personality and Social Psychology*, 2, 52-74.

Strategie #9 zum Selbstmanagement, »Kontrollieren Sie Ihre Selbstgespräche«, bespricht die Anzahl an Gedanken, die ein Durchschnittsmensch an einem Tag hat, anhand der Untersuchungsergebnisse von: The National Science Foundation (www.nsf.gov).

Wie wichtig Selbstgespräche im Umgang mit den eigenen Emotionen sind, zeigt sich bei Fletcher, J.E. (1989), »Physiological Foundations of Intrapersonal Communication.«. Bei Roberts & Watson (Eds.), *Intrapersonal Communication Processes*, (188-202). New Orleans: Spectra, Grainger, R.D. (1991). »The Use – and Abuse – of Negative Thinking«, *American Journal of Nursing*, 91(8), 13–14. Korba, R. (1989). »The Cognitive Psychophysiology of Inner Speech«, in Roberts & Watson (Hgb.), *Intrapersonal Communication Processes*, (217–242). New Orleans: Spectra. Levine, B.H., *Your Body Believes Every Word You Say: The Language of the Body/Mind Connection*, (Boulder Creek: Aslan, 1991).

Strategie #10 zum Selbstmanagement, »Visualisieren Sie Ihren Erfolg«, bespricht die Kraft des Visualisierens anhand von Untersuchungsergebnissen von: Kosslyn, S. M.; Ganis, G.; Thompson, W. L. (2007). »Mental imagery and the human brain«, in: *Progress in Psychological Science Around the World, Vol. 1: Neural, Cognitive and Developmental Issues*, Jing Q., Rosenweig M. R., d'Ydewalle G., Zhang H., Chen H.-C., Zhang K., (New York: Psychology Press), 195–209.

Strategien für die Entwicklung des sozialen Bewusstseins

Strategie #2 zum sozialen Bewusstsein, »Körpersprache beobachten« bespricht Forschungsergebnisse zum Lesen von Emotionen, Gesichtsausdruck und Körpersprache von Dr. Paul Ekman, *Gefühle lesen. Wie Sie Emotionen erkennen und richtig interpretieren*, Spektrum Akademischer Verlag, 2004 (*Emotions Revealed: Recognizing Faces and Feelings to Improve Communication and Emotional Life*, New York: Henry Holt & Company, 2007).

Strategien für die Entwicklung des Beziehungsmanagements

Strategie #4 zum Beziehungsmanagement, »Die Kleinigkeiten bedenken, die es in sich haben«, bespricht Forschungsergebnisse zum Rückgang guter Manieren in Amerika und die Meinungen von Angestellten über die Manieren am Arbeitsplatz anhand von Befunden der Public Agenda Research Group, vorgestellt auf ABCNEWS.com, am 3. April 2002, und ABCNEWS/World Tonight Poll, Mai 1999.

Zu Untersuchungen über rettende Gespräche: John Gottman und Robert W. Levenson, »A Two-Factor Model for Predicting When a Couple Will Divorce: Exploratory Analyses Using 14-Year Longitudinal Data«, *Family Process* 41 (2002): 83–96.

Epilog

Daten zu EQ und Tätigkeitsbezeichnungen von Travis Bradberry und Jean Greaves, *The Emotional Intelligence Quick Book*, (New York: Simon & Schuster, 2005), und Travis Bradberry und Jean Greaves (Dezember, 2005), »Heartless bosses«, *The Harvard Business Review*.